CARTA APOSTÓLICA
SALVIFICI DOLORIS
DO SUMO PONTÍFICE
JOÃO PAULO II

AOS BISPOS, AOS SACERDOTES,
ÀS FAMÍLIAS RELIGIOSAS
E AOS FIÉIS DA IGREJA CATÓLICA
SOBRE O SENTIDO CRISTÃO
DO SOFRIMENTO HUMANO

CARTA APOSTÓLICA
SALVIFICI DOLORIS
DO SUMO PONTÍFICE
JOÃO PAULO II

AOS BISPOS, AOS SACERDOTES,
ÀS FAMÍLIAS RELIGIOSAS
E AOS FIÉIS DA IGREJA CATÓLICA
SOBRE O SENTIDO CRISTÃO
DO SOFRIMENTO HUMANO

©Amministrazione del Patrimonio della Santa Sede Apostolica

©Dicastero per la Comunicazione –
Libreria Editrice Vaticana, 1988

Publicação autorizada ©Conferência Nacional
dos Bispos do Brasil

11ª edição – 2009
11ª reimpressão – 2025

Nenhuma parte desta obra poderá ser reproduzida ou transmitida por qualquer forma e/ou quaisquer meios (eletrônico ou mecânico, incluindo fotocópia e gravação) ou arquivada em qualquer sistema ou banco de dados sem permissão escrita da Editora. Direitos reservados.

Cadastre-se e receba nossas informações
paulinas.com.br
Telemarketing e SAC: 0800-7010081

Paulinas
Rua Dona Inácia Uchoa, 62
04110-020 – São Paulo – SP (Brasil)
📞 (11) 2125-3500
✉ editora@paulinas.com.br

© Pia Sociedade Filhas de São Paulo – São Paulo, 1988

*Veneráveis Irmãos no Episcopado
e amados Irmãos e Irmãs em Cristo:*

I
INTRODUÇÃO

1. "Completo na minha carne — diz o apóstolo São Paulo, ao explicar o valor salvífico do sofrimento — o que falta aos sofrimentos de Cristo pelo seu Corpo, que é a Igreja".[1]

Estas palavras parecem encontrar-se no termo do longo caminho que se desenrola através do sofrimento inserido na história do homem e iluminado pela Palavra de Deus. Elas têm o valor de uma como que descoberta definitiva, que é acompanhada pela alegria: "Alegro-me nos sofrimentos suportados por vossa causa".[2] Esta alegria provém da descoberta do sentido do sofrimento; e muito embora Paulo de Tarso, que escreve estas palavras, participe de um modo personalíssimo dessa descoberta, ela é válida ao mesmo tempo para os outros. O apóstolo comunica a sua própria descoberta e alegra-se por todos aqueles a quem ela pode servir de ajuda — como o ajudou a ele — para penetrar no *sentido salvífico do sofrimento*.

[1] Cl 1,24.
[2] Ibid.

2. O tema do sofrimento — precisamente sob este ponto de vista do sentido salvífico — parece estar integrado profundamente no contexto do Ano da Redenção, o Jubileu extraordinário da Igreja; e também esta circunstância se apresenta de molde a favorecer diretamente uma maior atenção a dispensar a tal tema exatamente durante este período. Mas, prescindindo deste fato, trata-se de um tema universal, que acompanha o homem em todos os quadrantes da longitude e da latitude terrestre; num certo sentido, coexiste com ele no mundo; e, por isso, exige ser constantemente retomado. Ainda que São Paulo tenha escrito na Carta aos Romanos que "toda a criação tem gemido e sofrido as dores do parto, até ao presente",[3] e ainda que os sofrimentos do mundo dos animais sejam bem conhecidos e estejam próximos ao homem, aquilo que nós exprimimos com a palavra "sofrimento" parece entender particularmente *algo essencial à natureza humana.* É algo tão profundo como o homem, precisamente porque manifesta, a seu modo, aquela profundidade que é própria do homem e, a seu modo, a supera. O sofrimento parece pertencer à transcendência do homem; é um daqueles pontos em que o homem está, em certo sentido, "destinado" a superar-se a si mesmo; e é chamado de modo misterioso a fazê-lo.

3. Se o tema do sofrimento deve ser tratado de modo especial no contexto do Ano Santo da Redenção, isso sucede, primeiramente, porque *a Redenção se realizou mediante a Cruz de Cristo,* ou seja *pelo seu sofrimento.* Ao mesmo tempo, no ano da Redenção, há que repensar a verdade expressa na Encíclica *Redemptor Hominis:* em

---

[3] *Rm* 8,22.

Cristo "cada um dos homens se torna o caminho da Igreja".[4] Pode-se dizer que o homem se torna caminho da Igreja de modo particular quando o sofrimento entra na sua vida. Isso acontece, como é sabido, em diversos momentos da vida; verifica-se de diversas maneiras e assume dimensões diferentes; mas, de uma forma ou de outra, o sofrimento parece ser, e é mesmo, quase *inseparável da existência terrena do homem*.

Dado, pois, que o homem, no decorrer da sua vida terrena, trilha, de um modo ou de outro, o caminho do sofrimento, a Igreja deveria, em todos os tempos — e talvez de um modo especial no Ano da Redenção — encontrar-se com o homem precisamente neste caminho. A Igreja, que nasce do mistério da Redenção na Cruz de Cristo, tem o dever de *procurar o encontro* com o homem, de modo particular no caminho do seu sofrimento. É em tal encontro que o homem "se torna o caminho da Igreja"; e este é um dos caminhos mais importantes.

4. Daqui tem a sua origem também a presente reflexão, precisamente neste Ano da Redenção: a reflexão sobre o sofrimento. O sofrimento humano suscita *compaixão,* inspira também respeito e, a seu modo, *intimida*. Nele, efetivamente, está contida a grandeza de um mistério específico. Este respeito particular por todo e qualquer sofrimento humano deve ficar assente no princípio de quanto vai ser explanado a seguir, que *promana da necessidade* mais profunda *do coração,* bem como de um *imperativo da fé*. Estes dois motivos parecem aproximar-se particularmente um do outro e unir-se entre si quanto ao

---

[4] Cf. n.os 14; 18; 21; 22: *AAS* 71 (1979), pp. 284s.; 304; 320; 323.

tema do sofrimento: a necessidade do coração impõe-nos vencer a timidez; e o imperativo da fé — formulado, por exemplo, nas palavras de São Paulo citadas no início — proporciona o conteúdo, em nome e em virtude da qual nós ousamos tocar naquilo que parece ser tão intangível em cada um dos homens; efetivamente, o homem, no seu sofrimento, permanece um mistério intangível.

II

O MUNDO DO SOFRIMENTO HUMANO

5. Se bem que na sua dimensão subjetiva, como fato pessoal, encerrado no concreto e irrepetível íntimo do homem, o sofrimento pareça ser algo quase inefável e não comunicável, talvez nenhuma outra coisa exija ao mesmo tempo tanto como ele — *na sua "realidade objetiva"* — ser tratada, meditada e concebida, dando ao problema uma forma explícita; e daí que a seu respeito se levantem questões de fundo e que para estas se procurem as respostas. Não se trata aqui, como se verá, somente de fazer uma descrição do sofrimento. Existem outros critérios, que estão além da esfera da descrição, dos quais devemos lançar mão quando queremos penetrar no mundo do sofrimento humano.

A medicina, enquanto ciência e, conjuntamente, como arte de curar, descobre no vasto terreno dos sofrimentos do homem o *seu setor mais conhecido;* ou seja, aquele que é identificado com maior precisão e, correlativamente, contrabalançado pelos métodos do "reagir" (isto é, da terapia). Contudo, isso é apenas um setor. O campo do sofrimento humano é muito mais vasto, muito mais diversificado e mais pluridimensional. O homem sofre de diversas maneiras, que nem sempre são consideradas pela medicina, nem sequer pelos seus ramos mais avançados. O sofrimento é *algo mais amplo* e mais complexo do que a doença e, ao mesmo tempo, algo mais profundamente enraizado na própria humanidade. É-nos dada uma certa idéia quanto a este problema pela distinção entre sofrimento físico e sofrimento moral. Esta distinção toma como fundamento a dupla dimensão do ser humano e indica o elemento corporal e espiritual como o imediato ou direto sujeito do sofrimento. Ainda que se possam usar, até certo ponto, como sinônimas, as palavras "sofrimento" e "dor", o *sofrimento físico* dá-se quando, seja de que modo for, "dói" o corpo; enquanto que o *sofrimento moral* é "dor da alma". Trata-se, de fato, da dor de tipo espiritual e não apenas da dimensão "psíquica" da dor, que anda sempre junta tanto com o sofrimento moral como com o sofrimento físico. A amplidão do sofrimento moral e a multiplicidade das suas formas não são menores do que as do sofrimento físico; mas, ao mesmo tempo, o primeiro apresenta-se como algo mais difícil de identificar e de ser atingido pela terapia.

6. A Sagrada Escritura é um grande *livro sobre o sofrimento*. Do Antigo Testamento fazemos menção apenas de alguns exemplos de situações que patenteiam as marcas do sofrimento; e, em primeiro lugar, do sofrimento moral: o perigo de morte;[5] a morte dos próprios filhos[6] e especialmente a morte do filho primogênito e único;[7] e depois também: a falta de descendência;[8] a saudade da pátria;[9] a perseguição e a hostilidade do meio

---

[5] Tal como foi provado por Ezequias (cf. *Is* 38,1-3).

[6] Como temia Agar (cf. *Gn* 15-16), como imaginava Jacó (cf. *Gn* 37, 33-35); e como experimentou Davi (cf. *2Sm* 19,1).

[7] Como temia Ana, a mãe de Tobias (cf. *Tb* 10,1-7); cf. também *Jr* 6,26; *Am* 8,10; *Zc* 12,10.

[8] Tal foi a prova de Abraão (cf. *Gn* 15,2), de Raquel (cf. *Gn* 30,1) ou de Ana, a mãe de Samuel (cf. *1Sm* 1,6-10).

[9] Como exprimem as lamentações dos exilados na Babilônia (cf. *Sl* 137[136]).

ambiente;[10] o escárnio e a zombaria em relação a quem sofre;[11] a solidão e o abandono;[12] e ainda outros, como: os remorsos de consciência;[13] a dificuldade em compreender a razão por que os maus prosperam e os justos sofrem;[14] a infidelidade e a ingratidão da parte dos amigos e vizinhos;[15] e, finalmente, as desventuras da própria nação.[16]

O Antigo Testamento, considerando o homem como um *"conjunto" psicofísico,* associa freqüentemente os sofrimentos "morais" à dor de determinadas partes do organismo: dos ossos,[17] dos rins,[18] do fígado,[19] das vísceras[20] e do coração.[21] Não se pode negar, efetivamente, que

---

10 Suportados, por exemplo, pelo Salmista (cf. *Sl* 22[21], 17-21); ou por Jeremias (cf. *Jr* 18,18).

11 Isto constituiu uma provação para Jó (cf. *Jó* 19,18; 30,1.9) e para alguns Salmistas (cf. *Sl* 22(21),7-9; 42(41),11; 44,(43),16-17), para Jeremias (cf. *Jr* 20,7) e para o Servo sofredor (cf. *Is* 53,3).

12 Pelo que tiveram que sofrer também alguns Salmistas (cf. *Sl* 22(21),2-3; 31(30),13; 38(37),12; 88(87),9.19), Jeremias (cf. *Jr* 15,17), ou o Servo sofredor (cf. *Is* 53,3).

13 Do Salmista (cf. *Sl* 51(50),5) das testemunhas dos sofrimentos do Servo (cf. *Is* 53,3-6), do profeta Zacarias (cf. *Zc* 12,10).

14 Isto foi profundamente sentido pelo Salmista (cf. *Sl* 73(72),3-14), e por Cohelet (cf. *Co* 4,1-3).

15 Isto constituiu um sofrimento para Jó (cf. *Jó* 19,19), para alguns Salmistas (cf. *Sl* 41(40),10; 55(54),13-15) e para Jeremias (cf. *Jr* 20,10); enquanto Sirácides meditava sobre esta desventura (cf. *Eclo* 37,1-6).

16 Além de numerosas passagens das *Lamentações,* cf. os lamentos dos Salmistas (cf. *Sl* 44(43),10-17; 77(76),3-11; 79(78),11; 89(88),51) ou dos Profetas (cf. *Is* 22,4; *Jr* 4,8; 13,17; 14,17-18); cf. também as preces de Azarias (cf. *Dn* 3,31-40) e de Daniel (cf. *Dn* 9,16-19).

17 Por exemplo, *Is* 38,13; *Jr* 23,9; *Sl* 31(30),10-11; *Sl* 42(41),10-11.

18 Por exemplo, *Sl* 73(72),21; *Jó* 16,13; *Lm* 3,13.

19 Por exemplo, *Lm* 2,11.

20 Por exemplo, *Is* 16,11; *Jr* 4,19; *Jó* 30,27; *Lm* 1,20.

21 Por exemplo, *1Sm* 1,8; *Jr* 4,19; 8,18; *Lm* 1,20.22; *Sl* 38(37), 9.11.

os sofrimentos morais têm também um componente "físico", ou somático, e que freqüentemente se refletem no estado geral do organismo.

7. Como se vê pelos exemplos referidos, na Sagrada Escritura encontramos um vasto elenco de situações dolorosas, por diversos motivos, para o homem. Este elenco diversificado não esgota, certamente, tudo aquilo que sobre o tema do sofrimento já disse e constantemente repete *o livro da história do homem* (que é prevalentemente um "livro não escrito"); e menos ainda o que disse o livro da história da humanidade, lido através da história de cada homem.

Pode-se dizer que o homem sofre quando ele *experimenta um mal qualquer*. A relação entre sofrimento e mal, no vocabulário do Antigo Testamento, é posta em evidência como identidade. Com efeito, este vocabulário não possuía uma palavra específica para designar o "sofrimento"; por isso, definia como "mal" tudo aquilo que era sofrimento.[22] Somente a língua grega — e, conjuntamente, o Novo Testamento (e as versões gregas do Antigo) — se serve do verbo "πάσχω sou afetado por..., experimento uma sensação, sofro"; e graças a este termo o sofrimento já

---

[22] É útil lembrar a este propósito que a raiz hebraica r‛‛ designa globalmente o que é mau, em oposição ao que é bom ($ṭōb$), sem distinção entre sentido físico, psíquico ou ético. Encontra-se na forma substantiva *ra‛* e *rā‛ā*, que indica indiferentemente o mal em si, ou a ação má, ou aquele que a pratica. Nas formas verbais, além da forma simples (*qal*), que designa de várias maneiras o fato de "estar mal", encontram-se a forma reflexivo-passiva (*niphal*) "sofrer o mal", "ser atingido pelo mal", e a forma causativa (*hiphil*) "praticar o mal", "infligir o mal" a alguém. Dado que no hebraico não existe uma palavra que corresponda exatamente ao grego πάσχω = "eu sofro", este verbo também só raramente se encontra na tradução dos Setenta.

não é diretamente identificável com o mal (objetivo), mas exprime uma situação na qual o homem sente o mal e, sentindo-o, torna-se sujeito de sofrimento. Este, de fato, possui ao mesmo tempo *caráter ativo e passivo* (de "patior"). Mesmo quando o homem provoca em si próprio um sofrimento, quando é autor do mesmo, esse sofrimento permanece como algo passivo na sua essência metafísica.

Isto, contudo, não quer dizer que o sofrimento em sentido psicológico não seja assinalado por uma *"atividade" específica*. Há, de fato, uma "atividade" múltipla e subjetivamente diferenciada de dor, de tristeza, de desilusão, de abatimento ou, até, de desespero, conforme a intensidade do sofrimento, a sua profundidade e, indiretamente, conforme toda a estrutura do sujeito que sofre e a sua sensibilidade específica. No âmago daquilo que constitui a forma psicológica do sofrimento encontra-se sempre uma *experiência do mal,* por motivo do qual o homem sofre.

Assim, a realidade do sofrimento levanta uma pergunta quanto à essência do mal: o que é o mal?

Esta pergunta parece inseparável, num certo sentido, do tema do "sofrimento". A resposta cristã neste ponto é diversa daquela que é dada por certas tradições culturais e religiosas, para as quais a existência é um mal de que é necessário libertar-se. O cristianismo proclama que *a existência é essencialmente um bem* e o bem daquilo que existe; professa a bondade do Criador e proclama o bem das criaturas. O homem sofre por causa do mal, que é uma certa falta, limitação ou distorção do bem. Poder-se-ia dizer que o homem sofre *por causa de um bem* do qual não participa, do qual é, num certo sentido, excluído, ou do qual ele próprio se privou. Sofre em particular quando "deveria" ter participação num determinado bem — segundo a ordem normal das coisas — e não a tem.

Por conseguinte, no conceito cristão, a realidade do sofrimento explica-se por meio do mal que, de certa maneira, está sempre em referência a um bem.

8. O sofrimento humano constitui em si próprio como que um *"mundo"* específico, que existe juntamente com o homem, que surge nele e passa, ou então que às vezes não passa, mas se consolida e aprofunda nele. Este mundo do sofrimento, abrangendo muitos, numerosíssimos sujeitos, existe *por assim dizer na dispersão*. Cada um dos homens, mediante o seu sofrimento pessoal, por um lado constitui só uma pequena parte desse "mundo"; mas, ao mesmo tempo, esse "mundo" está nele como uma entidade finita e irrepetível. A par disso existe também a dimensão inter-humana e social. O mundo do sofrimento possui como que sua *própria compacidade*. Os homens que sofrem tornam-se semelhantes entre si por efeito da analogia da sua situação, da provação do destino partilhado ou da necessidade de compreensão e de cuidados; mas, sobretudo, talvez por causa do persistente interrogar-se sobre o sentido do sofrimento. Embora o mundo do sofrimento exista na dispersão, contém em si, ao mesmo tempo, um singular desafio *à comunhão e à solidariedade*. Procuraremos dar ouvidos também a este apelo na presente reflexão.

Ao pensar no mundo do sofrimento e no seu significado pessoal e ao mesmo tempo coletivo, não se pode, enfim, deixar de notar o fato de que *este mundo como que se adensa de modo particular* nalguns períodos de tempo e em certos espaços da existência humana. É o que acontece, por exemplo, nos casos de calamidades naturais, de epidemias, catástrofes e cataclismos, ou de diversos flagelos sociais; pense-se, entre outros, no caso de um período de má colheita e, relacionado com isso — ou por diversas outras causas —, no flagelo da fome.

Pensemos, por fim, na guerra. Refiro-me a ela de modo especial. E falo das últimas duas guerras mundiais; destas, foi a segunda que fez uma ceifa muito maior de vidas e uma acumulação mais penosa de sofrimentos humanos. E acontece que a segunda metade do nosso século — *como que em proporção com os erros e transgressões* da nossa civilização contemporânea — contém em si, por sua vez, uma ameaça tão horrível de guerra nuclear, que não podemos pensar neste período senão em termos de *acumulação incomparável de sofrimentos,* que vão até à possível autodestruição da humanidade. Deste modo, aquele mundo de sofrimento, que afinal tem o seu sujeito em cada homem, parece transformar-se na nossa época — talvez mais do que em qualquer outro momento — num particular "sofrimento do mundo": de um mundo que se acha, como nunca, transformado pelo progresso operado pelo homem; e está ao mesmo tempo, como nunca, em perigo por causa dos erros e culpas do mesmo homem.

III

EM BUSCA DA RESPOSTA À PERGUNTA SOBRE O SENTIDO DO SOFRIMENTO

9. No fundo de cada sofrimento experimentado pelo homem, como também na base de todo o mundo dos sofrimentos, aparece inevitavelmente *a pergunta: por quê?* É uma pergunta acerca da causa, da razão e também acerca da finalidade (*para quê?*); trata-se sempre, afinal, de uma pergunta acerca do sentido. Esta não só acompanha o sofrimento humano, mas parece até determinar o seu conteúdo humano, o que faz com que o sofrimento seja propriamente sofrimento humano.

A dor, como é óbvio, em especial a dor física, encontra-se amplamente difundida no mundo dos animais. Mas só o homem, ao sofrer, sabe que sofre e se pergunta o porquê; e sofre de um modo humanamente ainda mais profundo se não encontra uma resposta satisfatória. Trata-se de uma *pergunta difícil,* como é também difícil uma outra muito afim, ou seja, a que diz respeito ao mal. Por que o mal? Por que o mal no mundo? Quando fazemos a pergunta desta maneira fazemos sempre também, ao menos em certa medida, uma pergunta sobre o sofrimento.

Ambas as perguntas são difíceis, quando o homem as faz ao homem, os homens aos homens, como também quando o homem as *apresenta a Deus.* Com efeito, o homem não põe esta questão ao mundo, ainda que muitas vezes o sofrimento lhe provenha do mundo; mas põe-na a Deus, como Criador e Senhor do mundo.

É bem sabido que, quando se percorre o terreno desta pergunta, chega-se não só a múltiplas frustrações e conflitos nas relações do homem com Deus, mas sucede até chegar-se à *própria negação de Deus*. Se, efetivamente, a existência do mundo como que abre o olhar da alma à existência de Deus, à sua sapiência, poder e magnificência, então o mal e o sofrimento parecem ofuscar esta imagem, às vezes de modo radical; e isto mais ainda olhando o quotidiano com a dramaticidade de tantos sofrimentos sem culpa e de tantas culpas sem pena adequada. Esta circunstância, portanto — mais do que qualquer outra, talvez —, indica quanto é importante a *pergunta sobre o sentido do sofrimento* e com que acuidade se devam tratar quer a mesma pergunta, quer as possíveis respostas a dar-lhe.

10. O homem pode dirigir tal pergunta a Deus, com toda a comoção do seu coração e com a mente cheia de assombro e de inquietude; e Deus espera por essa pergunta e escuta-a, como vemos na Revelação do Antigo Testamento. A pergunta encontrou a sua expressão mais viva no Livro de Jó.

É conhecida a história deste homem justo que, sem culpa nenhuma da sua parte, é provado com inúmeros sofrimentos. Perde os seus bens, os filhos e filhas e, por fim, ele próprio é atingido por uma doença grave. Nesta situação horrível, apresentam-se em sua casa três velhos amigos que procuram — cada um com palavras diferentes — convencê-lo de que, para ter sido atingido por tão variados e tão terríveis sofrimentos, *deve ter cometido alguma falta grave*. Com efeito, dizem-lhe eles, o sofrimento atinge o homem sempre como pena por uma culpa; é mandado por Deus, que é absolutamente justo e age com motivações que são da ordem da justiça. Dir-se-ia que os velhos amigos de Jó querem não só *convencê-lo* da justeza moral do mal, mas, de algum modo, procuram *defender*, aos seus próprios olhos, o sentido moral do sofrimento. Este, a seu ver, pode ter sentido somente como pena pelo pecado; e, portanto, exclusivamente no plano da justiça de Deus, que paga o bem com o bem e o mal com o mal.

O ponto de referência, neste caso, é a doutrina expressa noutros escritos do Antigo Testamento, que nos apresentam o sofrimento como castigo infligido por Deus pelos pecados dos homens. O Deus da Revelação é *Legislador e Juiz* em plano tão elevado, que nenhuma autoridade temporal o pode alcançar. O Deus da Revelação, efetivamente, primeiro que tudo é o *Criador,* do qual provém, juntamente com a existência, o bem que é essencial à criação. Por conseguinte, a violação consciente e livre deste bem, por parte do homem, é não só transgressão da lei, mas também ofensa ao Criador, que é o Primeiro Legislador. Tal transgressão tem caráter de pecado no sentido próprio, isto é, no sentido bíblico e teológico desta palavra. *Ao mal moral do pecado corresponde o castigo,* que garante a ordem moral no mesmo sentido transcendente em que esta ordem foi estabelecida pela vontade do Criador e Supremo Legislador. Daqui se segue também uma das verdades fundamentais da fé religiosa, baseada igualmente na Revelação; ou seja, que Deus é juiz justo, que premia o bem e castiga o mal: "Vós, Senhor, sois justo em tudo o que fizestes; todas as vossas obras são verdadeiras, retos os vossos caminhos, todos os vossos juízos se baseiam na verdade, e tomastes decisões conforme a verdade em tudo o que fizestes que nos sobreviesse e à cidade santa dos nossos pais, Jerusalém. Sim, em verdade e justiça nos infligistes todos estes castigos por causa de nossos pecados".[23]

Na opinião manifestada pelos amigos de Jó exprime-se uma convicção que também se encontra na consciência moral da humanidade: a ordem moral objetiva exige uma pena para a transgressão, para o pecado e para o crime. Sob este ponto de vista, o sofrimento aparece como um "mal justificado". A convicção daqueles que explicam o sofrimento como castigo pelo pecado apóia-se na ordem da justiça, e isso corresponde à opinião expressa por um dos amigos de Jó: "Pelo que vi, aqueles que cultivam a iniqüidade e os que semeiam a maldade também as colhem".[24]

11. Jó, no entanto, contesta a verdade do princípio que identifica o sofrimento com o castigo do pecado; e faz isso baseando-se na própria situação pessoal. Ele, efetivamente, tem consciência de não ter merecido semelhante castigo; e, por outro lado, vai expondo o bem que praticou durante a sua vida. Por fim, o próprio Deus desaprova os amigos de Jó pelas suas acusações e reconhece que Jó não é culpado. O seu sofrimento é o de um inocente: deve ser aceito como um mistério que o homem não está em condições de entender totalmente com a sua inteligência.

O Livro de Jó não abala as bases da ordem moral transcendente, fundada sobre a justiça, como são propostas em toda a Revelação, na Antiga e na Nova Aliança. Contudo, este Livro demonstra, ao mesmo tempo, com

---

[23] *Dn* 3,27s; cf. *Sl* 19(18),10; 36(35),7; 48(47),12; 51(50),6; 99(98),4; 119(118),75; *Ml* 3,16-21; *Mt* 20,16; *Mc* 10,31; *Lc* 17,34; *Jo* 5,30; *Rm* 2,2.
[24] *Jó* 4,8.

toda a firmeza, que os princípios desta ordem não podem ser aplicados de maneira exclusiva e superficial. Se é verdade que o sofrimento tem um sentido como castigo, quando ligado à culpa, já *não é verdade que todo o sofrimento seja conseqüência da culpa e tenha caráter de castigo.* A figura do justo Jó é disso prova convincente no Antigo Testamento. A revelação, palavra do próprio Deus, põe o problema do sofrimento do homem inocente com toda a clareza: o sofrimento sem culpa. Jó não foi castigado; não havia razão para lhe ser infligida uma pena, não obstante ter sido submetido a uma duríssima prova. Da introdução do Livro deduz-se que Deus condescendeu com esta provação, em seguida à provocação de Satanás. Este, de fato, impugnou diante do Senhor a justiça de Jó: "Acaso teme Jó a Deus em vão?... Abençoastes os seus empreendimentos e os seus rebanhos expandem-se sobre a terra. Mas estendei a vossa mão e tocai nos seus bens; juro que vos amaldiçoará na vossa face".[25] Se o Senhor permite que Jó seja provado com sofrimento, fá-lo para *demonstrar a sua justiça.* O sofrimento tem caráter de prova.

O Livro de Jó não é a última palavra da Revelação sobre este tema. É um anúncio, de certo modo, da Paixão de Cristo. Entretanto, só por si, já é *argumento suficiente* para que a resposta à pergunta sobre o sentido do sofrimento não fique ligada, sem reservas, à ordem moral baseada somente na justiça. Se tal resposta tem uma fundamental e transcendente razão e validade, ao mesmo tempo apresenta-se não só insuficiente em casos análogos ao do sofrimento do justo Jó, mas parece, mais ainda, reduzir e empobrecer o *conceito de justiça* que encontramos na Revelação.

[25] *Jó* 1,9-11.

12. O Livro de Jó põe, de modo perspicaz, a pergunta sobre o "porquê" do sofrimento; e mostra também que ele atinge o inocente, mas ainda não dá a solução ao problema.

No Antigo Testamento notamos uma orientação que tende a superar o conceito segundo o qual o sofrimento teria sentido unicamente como castigo pelo pecado, ao mesmo tempo que se acentua o valor educativo da pena-sofrimento. Deste modo, nos sofrimentos infligidos por Deus ao povo eleito está contido um convite da sua misericórdia, que corrige para levar à conversão. "Estes castigos não sucederam para a nossa ruína, mas são uma lição salutar para o nosso povo".[26]

Assim é afirmada a dimensão pessoal da pena. Segundo esta dimensão, a pena tem sentido não só porque serve para contrabalançar o mesmo mal objetivo da transgressão com outro mal, mas sobretudo porque oferece a possibilidade de reconstruir o bem no próprio sujeito que sofre.

Isto é um aspecto importantíssimo do sofrimento. Está profundamente arraigado em toda a Revelação da Antiga e sobretudo da Nova Aliança. O sofrimento deve servir à *conversão,* isto é, à *reconstrução do bem* no sujeito, que pode reconhecer a misericórdia divina neste chamamento à penitência. A penitência tem como finalidade superar o mal que, sob diversas formas, se encontra latente no homem, e consolidar o bem, tanto no mesmo homem, como nas relações com os outros e, sobretudo, com Deus.

13. Mas, para poder perceber a verdadeira resposta ao "porquê" do sofrimento, devemos voltar a nossa atenção

---

[26] *2Mac* 6,12.

para a revelação do amor divino, fonte última do sentido de tudo aquilo que existe. O amor é também a fonte mais rica do sentido do sofrimento que, não obstante, permanece sempre um mistério; estamos conscientes da insuficiência e inadequação das nossas explicações. Cristo introduz-nos no mistério e ajuda-nos a descobrir o "porquê" do sofrimento, na medida em que nós formos capazes de compreender a sublimidade do amor divino.

Para descobrir o sentido profundo do sofrimento, seguindo a Palavra de Deus revelada, é preciso abrir-se amplamente ao sujeito humano com as suas múltiplas potencialidades. É preciso, sobretudo, acolher a luz da Revelação, não só porque ela exprime a ordem transcendente da justiça, mas também porque ilumina esta ordem com o amor, qual fonte definitiva de tudo o que existe. O amor é ainda a fonte mais plena para a resposta à pergunta acerca do sentido do sofrimento. Esta resposta foi dada por Deus ao homem, na Cruz de Jesus Cristo.

IV

JESUS CRISTO:
O SOFRIMENTO VENCIDO PELO AMOR

14. "Deus amou tanto o mundo que deu o seu Filho unigênito, para que todo aquele que crê nele não pereça, mas tenha a vida eterna".[27] Estas palavras, pronunciadas por Cristo no colóquio com Nicodemos, introduzem-nos no próprio centro *da ação salvífica de Deus*. Elas exprimem também a própria essência da soteriologia cristã, quer dizer, da teologia da salvação. E salvação significa libertação do mal; e por isso mesmo está em relação íntima com o problema do sofrimento. Segundo as palavras dirigidas a Nicodemos, Deus dá o seu Filho ao "mundo" para libertar o homem do mal, que traz em si a definitiva e absoluta perspectiva do sofrimento. Ao mesmo tempo, *a palavra "dá"* ("deu") indica que esta libertação deve ser realizada pelo Filho unigênito, mediante o seu próprio sofrimento. E nisto se manifesta o amor, o amor infinito, quer do mesmo Filho unigênito, quer do Pai, o qual "dá" para isso o seu Filho. Tal é o amor para com o homem, o amor pelo "mundo": é o amor salvífico.

Encontramo-nos aqui — importa dar-nos conta disso claramente na nossa reflexão comum sobre este problema — perante uma dimensão completamente nova do nosso tema. É uma dimensão diversa daquela que determinava e, em certo sentido, restringia a busca do significado do

[27] Jo 3,16.

sofrimento dentro dos limites da justiça. É a *dimensão da Redenção,* que no Antigo Testamento as palavras do justo Jó — pelo menos segundo o texto da Vulgata — parecem já prenunciar: "Sei, de fato, que o meu Redentor vive e que no último dia... verei o meu Deus...".[28] Enquanto que até aqui as nossas considerações se concentravam primeiramente e, em certo sentido, exclusivamente no sofrimento sob as suas múltiplas formas temporais (como era o caso também dos sofrimentos do justo Jó), agora as palavras do colóquio de Jesus com Nicodemos, acima citadas, referem-se ao *sofrimento no seu sentido fundamental e definitivo.* Deus dá o seu Filho unigênito para que o homem "não pereça"; e o significado deste "não pereça" é cuidadosamente determinado pelas palavras que lhe seguem: "mas tenha a vida eterna".

O homem "perece" quando perde a "vida eterna". O contrário da salvação não é, pois, somente o sofrimento temporal, qualquer sofrimento, mas o sofrimento definitivo: a perda da vida eterna, o ser repelido por Deus, a condenação. O Filho unigênito foi dado à humanidade para proteger o homem, antes de mais nada, deste mal definitivo e do *sofrimento definitivo.* Na sua missão salvífica, portanto, o Filho deve atingir o mal nas suas próprias raízes transcendentais, a partir das quais se desenvolve na história do homem. Estas raízes transcendentais do mal estão pegadas ao pecado e à morte: elas estão, de fato, na base da perda da vida eterna. A missão do Filho unigênito consiste em *vencer o pecado e a morte.* E ele vence o pecado com a sua obediência até à morte, e vence a morte com a sua ressurreição.

[28] *Jó* 19,25-26.

15. Quando se diz que Cristo com a sua missão atinge o mal nas próprias raízes, nós pensamos não só no mal e no sofrimento definitivo, escatológico (para que o homem "não pereça, mas tenha a vida eterna"), mas também — pelo menos indiretamente — *no mal e no sofrimento* na sua *dimensão temporal e histórica*. O mal, de fato, permanece ligado ao pecado e à morte. E ainda que se deva ter muita cautela em considerar o sofrimento do homem como conseqüência de pecados concretos (como mostra precisamente o exemplo do justo Jó), ele não pode contudo ser separado do pecado das origens, daquilo que em São João é chamado "o pecado do mundo",[29] nem *do pano de fundo pecaminoso* das ações pessoais e dos processos sociais na história do homem. Se não é permitido aplicar aqui o critério restrito da dependência direta (como faziam os três amigos de Jó), não se pode também, por outro lado, pôr absolutamente de parte o critério segundo o qual, na base dos sofrimentos humanos, há uma multíplice implicação com o pecado.

Sucede o mesmo quando se trata da *morte*. Esta, muitas vezes, até é esperada como uma libertação dos sofrimentos desta vida; ao mesmo tempo, não é possível deixar passar despercebido que ela constitui como que uma síntese definitiva da obra destrutora do sofrimento, tanto no organismo corporal como na vida psíquica. Mas a morte comporta, antes de mais, *a desagregação* da personalidade total psicofísica do homem. A alma sobrevive e subsiste separada do corpo, ao passo que o corpo é sujeito a uma decomposição progressiva, segundo as palavras do Senhor Deus, pronunciadas depois do pecado cometido pelo homem nos princípios da sua história terrena: "És pó e em pó

---

[29] *Jo* 1,29.

te hás de tornar".[30] Portanto, mesmo que a morte não seja um sofrimento no sentido temporal da palavra, mesmo que de *certo modo* ela se encontre *além de todos os sofrimentos,* contudo o mal que o ser humano nela experimenta tem um caráter definitivo e totalizante. Com a sua obra salvífica, o Filho unigênito liberta o homem do pecado e da morte. Antes de mais, cancela da história do homem *o domínio do pecado,* que se enraizou sob o influxo do espírito maligno a partir do pecado original; e dá desde então ao homem a possibilidade de viver na graça santificante. Na esteira da vitória sobre o pecado, tira o domínio também *à morte,* abrindo, como a sua ressurreição, o caminho para a futura ressurreição dos corpos. Uma e outra são condição essencial da "vida eterna", isto é, da felicidade definitiva do homem em união com Deus; isto, para os salvados, quer dizer que na perspectiva escatológica o sofrimento é totalmente cancelado.

Como conseqüência da obra salvífica de Cristo, o homem passou a ter, durante a sua existência na Terra, *a esperança* da vida e da santidade eternas. E ainda que a vitória sobre o pecado e sobre a morte, alcançada por Cristo com a sua Cruz e a sua Ressurreição, não suprima os sofrimentos temporais da vida humana, nem isente do sofrimento toda a dimensão histórica da existência humana, ela *projeta,* no entanto, sobre essa dimensão e sobre todos os sofrimentos, *uma luz nova.* É a luz do Evangelho, ou seja, da Boa Nova. No centro desta luz encontra-se a verdade enunciada no colóquio com Nicodemos: "Com efeito, Deus amou tanto o mundo que deu o seu Filho unigênito".[31] Esta verdade opera uma mudança, desde os fundamentos,

[30] *Gn* 3,19.
[31] *Jo* 3,16.

no quadro da história do homem e da sua situação terrena. Apesar do pecado que se enraizou nesta história, como herança original, como "pecado do mundo" e como suma dos pecados pessoais, Deus Pai amou o Filho unigênito, isto é, ama-o de modo perdurável; depois, no tempo, precisamente por motivo deste amor que supera tudo, ele "dá" este Filho, a fim de que atinja as próprias raízes do mal humano e assim se aproxime, de maneira salvífica, do mundo inteiro do sofrimento, do qual o homem é participante.

16. Na sua atividade messiânica no meio de Israel, Cristo tornou-se incessantemente próximo do mundo *do sofrimento humano*. "Passou fazendo o bem";[32] e adotava este seu modo de proceder em primeiro lugar para com os que sofriam e os que esperavam ajuda. Curava os doentes, consolava os aflitos, dava de comer aos famintos, libertava os homens da surdez, da cegueira, da lepra, do demônio e de diversas deficiências físicas; por três vezes restituiu mesmo a vida aos mortos. Era sensível a toda a espécie de sofrimento humano, tanto do corpo como da alma. Ao mesmo tempo, ensinava; e no centro do seu ensino propôs *as oito bem-aventuranças,* que são dirigidas aos homens provados por diversos sofrimentos na vida temporal. Estes são os "pobres em espírito", "os aflitos", "os que têm fome e sede de justiça", "os perseguidos por causa da justiça", quando os injuriam, os perseguem e, mentindo, dizem toda a espécie de mal contra eles por causa de Cristo...[33] É assim segundo São Mateus; e São Lucas

---

[32] At 10,38.
[33] Cf. Mt 5,3-11.

menciona ainda explicitamente aqueles "que agora têm fome".[34]

De qualquer modo, Cristo aproximou-se do mundo do sofrimento humano, sobretudo pelo fato de ter ele próprio assumido *sobre si este sofrimento*. Durante a sua atividade pública, ele experimentou não só o cansaço, a falta de uma casa, a incompreensão mesmo da parte dos que viviam mais perto dele, mas também e acima de tudo foi cada vez mais acantoado por um círculo hermético de hostilidade, ao mesmo tempo em que se iam tornando cada dia mais manifestos os preparativos para o eliminar do mundo dos vivos. E Cristo estava cônscio de tudo isto e muitas vezes falou aos seus discípulos dos sofrimentos e da morte que o esperavam: "Eis que subimos a Jerusalém; e o Filho do homem *vai ser entregue* nas mãos dos príncipes dos sacerdotes e dos escribas, e eles condená-lo-ão à morte e entregá-lo-ão nas mãos dos gentios, que o hão de escarnecer, cuspir sobre ele, flagelar e matar. Mas três dias depois ressuscitará".[35] Cristo vai ao encontro da sua paixão e morte com plena consciência da missão que deve realizar exatamente desse modo. *É por meio deste seu sofrimento* que ele tem de fazer com que "o homem não pereça, mas tenha a vida eterna". É precisamente por meio da sua Cruz que ele deve atingir as raízes do mal, que se embrenham na história do homem e nas almas humanas. É precisamente por meio da sua Cruz que ele deve realizar *a obra da salvação*. Esta obra, no desígnio do amor eterno, tem um caráter redentor.

Por isso, Cristo repreende severamente Pedro quando ele pretende fazê-lo abandonar os pensamentos sobre o

[34] Cf. *Lc* 6,21.
[35] *Mc* 10,33-34.

sofrimento e a morte na Cruz.[36] E quando, no momento de ser preso no Getsêmani, o mesmo Pedro procura defendê-lo com a espada, Cristo diz-lhe: "Mete a tua espada na bainha... Como *se cumpririam então as Escrituras, segundo as quais é necessário que assim suceda?*".[37] E diz ainda: "Não hei de beber *o cálice que meu Pai me deu?*".[38] Esta resposta — tal como outras que aparecem em diversos pontos do Evangelho — mostram quanto Cristo estava profundamente compenetrado do pensamento que já tinha expressado no colóquio com Nicodemos: "Com efeito, Deus amou tanto o mundo que deu o seu Filho unigênito, para que todo aquele que crê nele não pereça, mas tenha a vida eterna".[39] Cristo encaminha-se para o próprio sofrimento, consciente da força salvífica deste; e vai, obediente ao Pai e, acima de tudo, *unido ao Pai naquele mesmo amor* com o qual ele amou o mundo e o homem no mundo. E por isso São Paulo escreverá, referindo-se a Cristo: "Amou-me e entregou-se a si mesmo por mim".[40]

17. As Escrituras tinham de ser cumpridas. Eram muitos os textos messiânicos do Antigo Testamento que anunciavam os sofrimentos do futuro Ungido de Deus. De entre todos eles, é particularmente comovedor aquele que habitualmente se designa como *Canto quarto do Servo de Javé*, contido no Livro de Isaías. O profeta, que justamente é chamado de "o quinto evangelista", dá-nos neste Canto a imagem dos sofrimentos do Servo, com um realismo tão

---

[36] Cf. *Mt* 16,23.
[37] *Mt* 26,52.54.
[38] *Jo* 18,11.
[39] *Jo* 3,16.
[40] *Gl* 2,20.

vivo como se o contemplasse com os próprios olhos: com os olhos do corpo e com os do espírito. A paixão de Cristo torna-se, à luz dos versículos de Isaías, quase mais expressiva e comovente do que nas descrições dos próprios evangelistas. Eis como se nos apresenta o verdadeiro Homem das dores:

"Não tem aparência bela nem decorosa
para atrair os nossos olhares...
Foi desprezado e evitado pelos homens,
homem das dores, familiarizado com o sofrimento;
como pessoa da qual se desvia o rosto,
desprezível e sem valor para nós.
No entanto, ele tomou sobre si as nossas enfermidades,
carregou-se com as nossas dores,
e nós o julgávamos açoitado
e homem ferido por Deus e humilhado.
Mas foi transpassado por causa dos nossos delitos,
e espezinhado por causa das nossas culpas.
A punição salutar para nós foi-lhe infligida a ele,
e as suas chagas nos curaram.
Todos nós, como ovelhas, nos desgarramos,
cada um seguia o seu caminho;
*o Senhor fez cair sobre ele
as culpas de todos nós".*[41]

O Canto do Servo sofredor contém uma descrição na qual se pode, de certo modo, identificar os momentos da paixão de Cristo com vários pormenores dos mesmos: a prisão, a humilhação, as bofetadas, os escarros, o rebaixamento da própria dignidade do prisioneiro, o juízo injusto;

---

[41] *Is* 53,2-6.

e, a seguir, a flagelação, a coroação de espinhos e o escárnio, a caminhada com a cruz, a crucifixão e a agonia.

Mais do que esta descrição da paixão, impressiona-nos ainda nas palavras do profeta *a profundidade do sacrifício de Cristo*. Ele, embora inocente, carregou-se com os sofrimentos de todos os homens, porque assumiu sobre si os pecados de todos. "O Senhor fez cair sobre ele as culpas de todos nós": *todo* o pecado do homem, na sua extensão e profundidade, se torna a verdadeira causa do sofrimento do Redentor. Se o sofrimento "se pode medir" pelo mal suportado, então as expressões do profeta permitem-nos compreender *a medida deste mal* e deste sofrimento que Cristo carregou sobre si. Pode-se dizer que se trata de um sofrimento "substitutivo"; mas ele é, sobretudo, "redentor". O Homem das dores da citada profecia é verdadeiramente aquele "cordeiro de Deus que tira o pecado do mundo".[42] Com o seu sofrimento, os pecados são cancelados precisamente porque só ele, como Filho unigênito, podia tomá-los sobre si, assumi-los *com aquele amor para com o Pai que supera* o mal de todos os pecados; num certo sentido, ele aniquila este mal, no plano espiritual das relações entre Deus e a humanidade, e enche o espaço criado com o bem.

Deparamos aqui com a dualidade de natureza de um único sujeito pessoal do sofrimento redentor. Aquele que, com a sua paixão e morte na Cruz, opera a Redenção é o Filho unigênito que Deus nos "deu". Ao mesmo tempo, este *Filho da mesma natureza que o Pai sofre como homem.* O seu sofrimento tem dimensões humanas; e tem igualmente — únicas na história da humanidade — uma profundidade e intensidade que, embora sendo humanas, podem ser

[42] Jo 1,29.

também uma profundidade e intensidade de sofrimento incomparáveis, pelo fato de o Homem que sofre ser o próprio Filho unigênito em pessoa: "Deus de Deus". Portanto, somente ele — o Filho unigênito — **é capaz** de abarcar a extensão do mal contida no pecado do homem: em cada um dos pecados e no pecado "total", segundo as dimensões da existência histórica da humanidade na Terra.

18. Pode-se dizer que as considerações anteriores nos levam agora diretamente ao Getsêmani e ao Gólgota, onde se cumpriu o mesmo Canto do Servo sofredor, contido no Livro de Isaías. Antes de chegar aí, porém, leiamos os versículos sucessivos do Canto que constituem uma antecipação profética da paixão do Getsêmani e do Gólgota. O Servo sofredor — e isso é por sua vez algo essencial para uma análise da paixão de Cristo — toma sobre si aqueles sofrimentos, de que se falou, de um modo totalmente voluntário.

"Era maltratado e ele sofria,
não abria a boca;
era como cordeiro levado ao matadouro,
como ovelha muda nas mãos do tosquiador.
E não abriu a boca.
Com tirânica sentença foi suprimido;
e quem se preocupa pela sua sorte,
pelo modo como foi suprimido da terra dos vivos,
e foi ferido de morte por causa da iniqüidade do seu povo?
Deram-lhe com os réus sepultura,
e uma tumba entre os malfeitores,
embora não tivesse cometido injustiça alguma,
nem se tenha achado engano algum na sua boca".[43]

[43] Is 53,7-9.

Cristo sofre voluntariamente e sofre inocentemente. Ele acolhe, com o seu sofrimento, aquela interrogação — feita muitas vezes pelos homens — que foi expressa, num certo sentido, de uma maneira radical no Livro de Jó. Cristo, porém, não só é portador em si da mesma interrogação (e isso de um modo ainda mais radical, uma vez que ele não é somente homem como Jó, mas é o Filho unigênito de Deus), como dá também *a resposta mais completa que é possível a esta interrogação*. A resposta emerge, pode-se dizer, da mesma matéria que constitui a pergunta. Cristo responde a esta pergunta sobre o sofrimento, e sobre o sentido do sofrimento, não apenas com o seu ensino, isto é, com a Boa Nova, mas, primeiramente, com o próprio sofrimento, que está integrado, de modo orgânico e indissolúvel, com os ensinamentos da Boa Nova. E esta é, por assim dizer, a última palavra, a síntese desse *ensino:* "a palavra da Cruz", como dirá um dia São Paulo.[44]

Esta "linguagem da Cruz" preenche a imagem da antiga profecia com uma realidade definitiva. Muitas passagens e discursos da pregação pública de Cristo atestam como ele aceita desde o princípio este sofrimento, que é a vontade do Pai para a salvação do mundo. Neste ponto, *a oração no Getsêmani* reveste-se de uma importância decisiva. As palavras: "Meu Pai, se é possível, passe de mim este cálice! Contudo, não se faça como eu quero, mas como tu queres!"[45] e as que vêm a seguir: "Meu Pai, se este cálice não pode passar sem que eu o beba, faça-se a tua vontade",[46] encerram em si uma eloqüência multiforme. Provam a verdade daquele amor que, com a sua obediência,

---

[44] Cf. *1Cor* 1,18.
[45] *Mt* 26,39.
[46] *Mt* 26,42.

o Filho unigênito demonstra para com o Pai. Atestam, ao mesmo tempo, a verdade do seu sofrimento. As palavras da oração de Cristo no Getsêmani provam *a verdade do amor mediante a verdade do sofrimento*. As palavras de Cristo confirmam, com toda a simplicidade e cabalmente, esta verdade humana do sofrimento: o sofrimento consiste em suportar o mal, diante do qual o homem estremece; e precisamente como disse Cristo no Getsêmani, também o homem diz: "passe de mim".

As palavras de Cristo confirmam, ainda, esta única e incomparável profundidade e intensidade do sofrimento, que somente o Homem que é o Filho unigênito pôde experimentar; elas atestam *aquela profundidade e intensidade* que as palavras proféticas acima referidas nos ajudam, à sua maneira, a compreender. Não, por certo, completamente (para isso seria necessário penetrar o mistério divino-humano daquele que dele era sujeito); elas ajudam-nos, no entanto, a compreender pelo menos a diferença (e, ao mesmo tempo, a semelhança) que se verifica entre todo o possível sofrimento do homem e o do Deus-Homem. O Getsêmani é o lugar onde precisamente este sofrimento, com toda a verdade expressa pelo profeta quanto ao mal que ele faz experimentar, *se revelou quase definitivamente diante dos olhos da alma de Cristo.*

Depois das palavras do Getsêmani, vêm as palavras pronunciadas no Gólgota, que atestam esta profundidade — única na história do mundo — do mal do sofrimento que se experimenta. Quando Cristo diz: "Meu Deus, meu Deus, por que me abandonastes?", as suas palavras não são apenas expressão daquele abandono que, por diversas vezes, se encontra expresso no Antigo Testamento, especialmente nos Salmos; e, em particular, no Salmo 22(21), do qual provêm as palavras referidas.[47] Pode-se dizer que estas palavras sobre o abandono nascem no plano da união inseparável do Filho com o Pai, e nascem porque o Pai "fez cair sobre ele as culpas de todos nós",[48] na linha daquilo mesmo que mais tarde dirá São Paulo: "A ele, que não conhecera o pecado, Deus tratou-o, por nós, como pecado".[49] Juntamente com este horrível peso, que dá bem *a medida de "todo" o mal que está em voltar as costas a Deus,* contido no pecado, Cristo, mediante a profundidade divina da união filial com o Pai, apercebe-se bem, de modo humanamente inexprimível, *deste sofrimento que é a separação,* a rejeição *do Pai,* a ruptura com Deus. Mas é exatamente mediante este sofrimento que ele realiza a Redenção e pode dizer ao expirar: "Tudo está consumado".[50]

Pode-se dizer também que se cumpriu a Escritura, que se realizaram definitivamente as palavras do Canto do Servo sofredor: "Aprouve ao Senhor esmagá-lo pelo sofrimento".[51] O sofrimento humano atingiu o seu vértice na paixão de Cristo; e, ao mesmo tempo, revestiu-se de uma dimensão completamente nova e entrou numa ordem nova: ele *foi associado ao amor,* àquele amor de que Cristo falava a Nicodemos, àquele amor que cria o bem, tirando-o mesmo do mal, tirando-o por meio do sofrimento, tal como o bem supremo da Redenção do mundo foi tirado da Cruz de Cristo e nela encontra perenemente o seu princípio. A Cruz de Cristo tornou-se uma fonte da qual brotam rios de água

---

[47] *Sl* 22(21),2.
[48] *Is* 53,6.
[49] *2Cor* 5,21.
[50] *Jo* 19,30.
[51] *Is* 53,10.

viva.[52] Nela devemos também repropor-nos a pergunta sobre o sentido do sofrimento e ler aí, até ao fim, a resposta a tal pergunta.

---

[52] Cf. *Jo* 7,37-38.

V
PARTICIPANTES DOS SOFRIMENTOS DE CRISTO

19. O mesmo Canto do Servo sofredor no Livro de Isaías conduz-nos, através dos versículos seguintes, exatamente na direção dessa pergunta e dessa resposta:

"Aprouve ao Senhor que...
oferecendo a sua vida em expiação,
gozasse de uma descendência longeva
e por seu meio tivesse efeito o intento do Senhor.
Das aflições do seu coração *sairá para ver a luz*
e desta visão se há de saciar.
O Justo, meu servo, *justificará a muitos*
e tomará sobre si as nossas culpas.
Por isso, dar-lhe-ei em prêmio as multidões
e fará dos poderosos os seus despojos,
em recompensa de se ter prodigalizado,
mesmo até à morte,
e se ter deixado contar entre os malfeitores,
quando, ao invés, ele tomou sobre si a culpa de muitos
e intercede pelos malfeitores".[53]

Pode-se dizer que com a paixão de Cristo todo o sofrimento humano veio a encontrar-se numa nova situação. Parece mesmo que Jó a tinha pressentido, quando dizia: "Eu sei que o meu Redentor está vivo...",[54] e que para

[53] *Is* 53,10-12.
[54] *Jó* 19,25.

ela tivesse orientado o seu próprio sofrimento que, sem a Redenção, não teria podido revelar-lhe a plenitude do seu significado. Na Cruz de Cristo não só se realizou a Redenção através do sofrimento, mas também *o próprio sofrimento humano foi redimido.* Cristo — sem ter culpa nenhuma própria — tomou sobre si "todo o mal do pecado". A experiência deste mal determinou a proporção incomparável do sofrimento de Cristo, que se tornou *o preço da Redenção.* É disto que fala o Canto do Servo sofredor de Isaías. Disto falarão também, a seu tempo, as testemunhas da Nova Aliança, estabelecida com o sangue de Cristo. Eis as palavras do apóstolo Pedro, na sua primeira Carta: "Vós sabeis que não fostes resgatados dos vossos costumes fúteis, herdados dos vossos antepassados, a preço de coisas corruptíveis, como a prata e o ouro, mas *pelo sangue precioso de Cristo,* como de um cordeiro sem defeito e sem mácula".[55] E o apóstolo Paulo, na Carta aos Gálatas, dirá: "Entregou-se a si mesmo pelos nossos pecados, a fim de nos subtrair ao mundo maligno em que vivemos";[56] e na primeira Carta aos Coríntios: "Fostes comprados por elevado preço. Glorificai, pois, a Deus no vosso corpo".[57]

É assim, com estas e com expressões semelhantes, que as testemunhas da Nova Aliança falam da grandeza da Redenção, que se realizou mediante o sofrimento de Cristo. O Redentor sofreu em lugar do homem e em favor do homem. Todo homem tem *sua participação na Redenção.* E cada um dos homens é também *chamado a participar daquele sofrimento,* por meio do qual se realizou a Redenção; é chamado a participar daquele sofrimento por meio

[55] *1Pd* 1,18-19.
[56] *Gl* 1,4.
[57] *1Cor* 6,20.

do qual foi redimido também todo o sofrimento humano. Realizando a Redenção mediante o sofrimento, Cristo *elevou ao mesmo tempo o sofrimento humano ao nível de Redenção.* Por isso, todos os homens, com o seu sofrimento, se podem tornar também participantes do sofrimento redentor de Cristo.

20. Os textos do Novo Testamento exprimem esta mesma idéia em diversos pontos. Na segunda Carta aos Coríntios, o apóstolo escreve: "Em tudo atribulados, mas não oprimidos, perplexos, mas não desesperados, perseguidos, mas não abandonados, abatidos, mas não perdidos, por toda a parte *levamos sempre no corpo os sofrimentos de Jesus,* para que também a vida de Jesus se manifeste no nosso corpo. De fato, enquanto vivemos, somos continuamente entregues à morte por causa de Jesus, para que a vida de Jesus se manifeste também na nossa carne mortal... com a certeza de que aquele que ressuscitou o Senhor Jesus, nos ressuscitará também a nós com Jesus".[58]

São Paulo fala dos diversos sofrimentos e, em particular, aqueles de que os primeiros cristãos se tornavam participantes "por causa de Jesus". Estes sofrimentos permitem aos destinatários desta Carta participar da obra da Redenção, realizada mediante os sofrimentos e a morte do Redentor. *A eloqüência da Cruz e da morte,* no entanto, é completada com a *eloqüência da Ressurreição.* O homem encontra na Ressurreição uma luz completamente nova, que o ajuda a abrir caminho através das trevas cerradas das humilhações, das dúvidas, do desespero e da perseguição. Por isso, o apóstolo escreverá ainda na segunda Carta aos Coríntios: "Pois, assim como *são abun-*

[58] *2Cor* 4,8-11.14.

dantes para nós os sofrimentos de Cristo, assim por obra de Cristo é também superabundante a nossa consolação".[59] Noutras passagens dirige aos destinatários dos escritos palavras de encorajamento: "Que o Senhor dirija os vossos corações para o amor de Deus e a paciência de Cristo".[60] E na Carta aos Romanos escreve: "Exorto-vos, pois, irmãos, pela misericórdia de Deus, *a oferecer os vossos corpos como sacrifício vivo,* santo e agradável a Deus; é este o culto espiritual que lhe deveis prestar".[61]

A própria participação nos sofrimentos de Cristo, nestas expressões apostólicas, reveste-se de uma dupla dimensão. Se um homem se torna participante dos sofrimentos de Cristo, isso acontece porque Cristo *abriu o seu sofrimento ao homem,* porque ele próprio, no seu sofrimento redentor, se tornou, num certo sentido, participante de todos os sofrimentos humanos. Ao descobrir, pela fé, o sofrimento redentor de Cristo, o homem descobre nele, ao mesmo tempo, os próprios sofrimentos, *reencontra-os, mediante a fé,* enriquecidos de um novo conteúdo e com um novo significado.

Esta descoberta ditou a São Paulo palavras particularmente vigorosas na Carta aos Gálatas: "Com Cristo estou cravado na Cruz; e já não sou eu que vivo, é Cristo que vive em mim. E, enquanto eu vivo a vida mortal, vivo na fé do Filho de Deus, que me amou e se entregou a si mesmo por mim".[62] A fé permite ao autor destas palavras conhecer aquele amor que levou Cristo à Cruz. E se

---

[59] *2Cor* 1,5.
[60] *2Ts* 3,5.
[61] *Rm* 12,1.
[62] *Gl* 2,19-20.

ele amou assim, sofrendo e morrendo, então, com este seu sofrimento e morte, ele *vive naquele a quem amou assim,* vive no homem: em Paulo. E vivendo nele — à medida que o apóstolo, consciente disso mediante a fé, responde com amor ao seu amor — Cristo torna-se também de um modo particular *unido ao homem,* a Paulo, *através da Cruz.* Esta união inspirou ao mesmo apóstolo, ainda na Carta aos Gálatas, estas outras palavras, não menos fortes: "Quanto a mim, jamais suceda que *eu me glorie* a não ser na *Cruz* de nosso Senhor Jesus Cristo, pela qual o mundo está crucificado para mim, como eu para o mundo".[63]

21. A Cruz de Cristo projeta a luz salvífica de um modo assim tão penetrante sobre a vida do homem e, em particular, sobre o seu sofrimento, porque, mediante a fé, chega até ele juntamente *com a Ressurreição:* o mistério da paixão está contido no mistério pascal. As testemunhas da paixão de Cristo são, ao mesmo tempo, testemunhas da sua Ressurreição. São Paulo escreve: "Poderei conhecê-lo, a ele e à força da sua Ressurreição, e ser integrado na participação dos seus sofrimentos, transformado numa imagem da sua morte, com a esperança de chegar à ressurreição dos mortos".[64] O apóstolo experimentou isto verdadeiramente: em primeiro lugar, "a força da Ressurreição" de Cristo, no caminho de Damasco; e só depois, nesta luz pascal, chegou àquela "participação nos seus sofrimentos" de que fala, por exemplo, na Carta aos Gálatas. A caminhada de São Paulo é claramente pascal: a *participação na Cruz* de Cristo realiza-se *através da experiência do Ressus-*

[63] *Gl* 6,14.
[64] *Fl* 3,10-11.

citado e, por isso, graças a uma participação especial na Ressurreição. É por esta razão que mesmo nas expressões do apóstolo sobre o tema do sofrimento aparece tão freqüentemente o motivo da glória, à qual a Cruz de Cristo dá início.

As testemunhas da Cruz e da Ressurreição estavam convencidas de que "através de muitas tribulações é que temos de entrar no reino de Deus".[65] E São Paulo, escrevendo aos Tessalonicenses, exprime-se deste modo: "Nós mesmos nos ufanamos de vós... pela vossa constância e pela vossa fidelidade, no meio de todas as vossas aflições e perseguições que suportais. É isto um indício do justo juízo de Deus, para que sejais feitos *dignos do reino de Deus,* pelo qual, precisamente, sofreis".[66] Portanto, a participação nos sofrimentos de Cristo é, ao mesmo tempo, sofrimento pelo reino de Deus. Aos olhos de Deus justo, frente ao seu juízo, todos os que participam nos sofrimentos de Cristo tornam-se dignos deste reino. Mediante os seus sofrimentos, eles restituem, em certo sentido, o preço infinito da paixão e morte de Cristo, que se tornou o preço da nossa Redenção: por este preço, o reino de Deus foi de novo consolidado na história do homem, tornando-se a perspectiva definitiva da sua existência terrena. Cristo introduziu-nos neste reino pelo seu sofrimento. E é também mediante o sofrimento que *amadurecem* para ele os homens envolvidos pelo mistério da Redenção de Cristo.

22. À perspectiva do reino de Deus está unida também a esperança daquela glória, cujo início se encontra

---

[65] *At* 14,22.
[66] *2Tes* 1,4-5.

na Cruz de Cristo. A Ressurreição revelou esta glória — a glória escatológica — que na Cruz de Cristo era completamente ofuscada pela imensidão do sofrimento. Aqueles que participam dos sofrimentos de Cristo, estão também chamados, mediante os seus próprios sofrimentos, para tomar parte *da glória*. São Paulo exprime esta idéia em diversas passagens. Aos Romanos, escreve: "Somos... co-herdeiros de Cristo, se, porém, sofremos com ele, para sermos também glorificados com ele. Tenho como coisa certa, efetivamente, que os sofrimentos do tempo presente não têm proporção alguma com a glória que há de revelar-se em nós".[67] Na segunda Carta aos Coríntios lemos: "Realmente, o leve peso da nossa tribulação do momento presente prepara-nos, para além de toda e qualquer medida, um peso eterno de glória: não que nós olhemos para as coisas visíveis, mas para as invisíveis".[68] O apóstolo Pedro exprimirá esta verdade nas seguintes palavras da sua primeira Carta: "Alegrai-vos, antes, na medida em que participais nos sofrimentos de Cristo, para que também vos alegreis e rejubileis na sua gloriosa aparição".[69]

O motivo *do sofrimento e da glória* tem uma característica profundamente evangélica, que se clarifica mediante a referência à Cruz e à Ressurreição. A Ressurreição tornou-se, antes de mais nada, a manifestação da glória, que corresponde à elevação de Cristo por meio da sua Cruz. Com efeito, se a Cruz representou aos olhos dos homens o *despojamento* de Cristo, ela foi, ao mesmo tempo, aos olhos de Deus, a sua *elevação*. Na Cruz, Cristo alcançou e realizou em toda a plenitude a sua missão: cumprin-

---

[67] *Rm* 8,17-18.
[68] *2Cor* 4,17-18.
[69] *1Pd* 4,13.

do a vontade do Pai, realizou-se ao mesmo tempo a si mesmo. Na fraqueza manifestou o seu *poder;* e na humilhação, toda *a sua grandeza messiânica.* Não são porventura uma prova desta grandeza todas as palavras pronunciadas durante a agonia, no Gólgota, e, de modo especial, as palavras que se referem aos autores da crucifixão: "Pai, perdoai--lhes porque não sabem o que fazem"?[70] Estas palavras impõem-se àqueles que são participantes dos sofrimentos de Cristo, com a força de um exemplo supremo. O sofrimento constitui também um chamamento a manifestar a grandeza moral do homem, a sua *maturidade espiritual.* Disto deram prova, ao longo das diversas gerações, os mártires e os confessores de Cristo, fiéis às palavras: "Não temais os que matam o corpo e que não podem matar a alma".[71]

A Ressurreição de Cristo revelou a *glória que está contida no próprio sofrimento* de Cristo, a qual muitas vezes se refletiu e se reflete no sofrimento do homem, como expressão da sua grandeza espiritual. Importa reconhecer esta glória, não só nos mártires da fé, mas também em muitos outros homens que, por vezes, mesmo sem a fé em Cristo, sofrem e dão a vida pela verdade e por uma causa justa. Nos sofrimentos de todos estes é confirmada, de um modo particular, a grande dignidade do homem.

23. O sofrimento, de fato, é sempre uma *provação* — por vezes, uma provação muito dura — à qual a humanidade é submetida. Impressiona-nos nas páginas das Cartas de São Paulo, com freqüência, aquele *paradoxo* evangélico *da fraqueza e da força,* experimentado de ma-

[70] *Lc* 23,34.
[71] *Mt* 10,28.

neira particular pelo apóstolo, e que experimentam com ele também todos aqueles que participam dos sofrimentos de Cristo. Na segunda Carta aos Coríntios, escreve: "De boa vontade me ufanarei de preferência das minhas fraquezas, para que habite em mim a força de Cristo".[72] Na segunda Carta a Timóteo lemos: "É também por esta causa que eu sofro estes males, mas não me envergonho: porque sei em quem depositei a minha confiança".[73] E na Carta aos Filipenses dirá mesmo expressamente: *Tudo posso naquele* que me dá força".[74]

Aqueles que participam dos sofrimentos de Cristo têm diante dos olhos o mistério pascal da Cruz e da Ressurreição, no qual Cristo, numa primeira fase, desce até às últimas conseqüências da debilidade e da impotência humana: efetivamente, morre pregado na Cruz. Mas dado que nesta *fraqueza* se realiza ao mesmo tempo a sua *elevação*, confirmada pela força da Ressurreição, isso significa que as fraquezas de todos os sofrimentos humanos podem ser penetradas pela mesma potência de Deus, manifestada na Cruz de Cristo. Nesta concepção, *sofrer* significa tornar-se particularmente *receptivo*, particularmente *aberto à ação das forças salvíficas de Deus,* oferecidas em Cristo à humanidade. Nele, Deus confirmou que quer operar de um modo especial por meio do sofrimento, que é a fraqueza e o despojamento do homem e ainda, que é precisamente nesta fraqueza e neste despojamento que ele quer manifestar o seu poder. Compreende-se, deste modo, a recomendação da primeira Carta de São Pedro: Se alguém

[72] *2Cor* 12,9.
[73] *2Tm* 1,12.
[74] *Fl* 4,13.

"sofre por ser cristão, não se envergonhe, mas dê glória a Deus por este título".[75]

Na Carta aos Romanos, o apóstolo Paulo pronunciar-se-á ainda mais detidamente sobre este tema do "nascer da força na fraqueza" e do *retemperar-se espiritual* do homem no meio das provações e tribulações, que é vocação especial daqueles que participam dos sofrimentos de Cristo: "Gloriamo-nos também nas tribulações, sabendo que da tribulação deriva a paciência; da paciência a virtude comprovada; e da virtude comprovada a esperança. A esperança não engana, porque o amor de Deus se encontra largamente difundido nos nossos corações pelo Espírito Santo, que nos foi dado".[76] No sofrimento está como que contido um particular *apelo à virtude* que o homem, por seu turno, deve exercitar. É a virtude da perseverança em suportar tudo aquilo que incomoda e faz doer. Ao proceder assim, o homem dá livre curso à esperança, que mantém em si a convicção de que o sofrimento não prevalecerá sobre ele, nem o privará da dignidade própria do homem, que anda unida à consciência do sentido da vida. E este sentido manifesta-se simultaneamente com *a obra do amor de Deus,* que é o dom supremo do Espírito Santo. À medida que participa deste amor, o homem sabe orientar-se quando mergulhado no sofrimento: reencontrando-se, reencontra "a alma" que julgava ter "perdido"[77] por causa do sofrimento.

24. As experiências do apóstolo participante dos sofrimentos de Cristo, no entanto, vão ainda mais longe.

[75] *1Pd* 4,16.
[76] *Rm* 5,3-5.
[77] Cf. *Mc* 8,35; *Lc* 9,24; *Jo* 12,25.

Na Carta aos Colossenses podemos ler as palavras que representam como que a última etapa do itinerário espiritual em relação ao sofrimento. São Paulo escreve: "Alegro-me nos sofrimentos suportados por vossa causa e *completo* na minha carne *o que falta aos sofrimentos* de Cristo pelo seu Corpo, que é a Igreja".[78] E numa outra Carta, o mesmo apóstolo interpela os destinatários: "Não sabeis que os vossos corpos são membros de Cristo?".[79]

No mistério pascal, Cristo deu início *à união com o homem na comunidade da Igreja*. O mistério da Igreja exprime-se nisto: a partir do ato em que alguém recebe o Batismo, que configura a Cristo, e depois mediante o seu sacrifício — sacramentalmente mediante a Eucaristia — a Igreja edifica-se espiritualmente, sem cessar, como Corpo de Cristo. Neste Corpo, Cristo quer estar unido a todos os homens, e está unido de modo especial àqueles que sofrem. As palavras da Carta aos Colossenses, acima citadas, atestam o caráter excepcional desta união. De fato, *aquele que sofre em união com Cristo* — assim como o apóstolo Paulo suportava as suas "tribulações" em união com Cristo — não só haure de Cristo aquela força de que em precedência se falou, mas "completa" também com o seu sofrimento "aquilo que falta aos sofrimentos de Cristo". Neste contexto evangélico é posta em relevo, de um modo especial, a verdade *sobre o caráter criativo do sofrimento*. O sofrimento de Cristo criou o bem da Redenção do mundo. Este bem é em si mesmo inexaurível e infinito. Ninguém lhe pode acrescentar coisa alguma. Ao mesmo tempo, porém, Cristo, no mistério da Igreja, que é o seu Corpo, em certo sentido abriu o próprio sofrimento

---

[78] *Cl* 1,24.
[79] *1Cor* 6,15.

redentor a todo o sofrimento humano. Na medida em que o homem se torna participante dos sofrimentos de Cristo — em qualquer parte do mundo e em qualquer momento da história — tanto mais *ele completa, a seu modo,* aquele sofrimento, mediante o qual Cristo operou a Redenção do mundo.

Quererá isto dizer, porventura, que a Redenção operada por Cristo não é completa? Não. Isto significa apenas que a Redenção, operada por virtude do amor satisfatório, permanece *constantemente aberta a todo o amor* que se exprime *no sofrimento humano.* Nesta dimensão — na dimensão do amor — a Redenção, já realizada totalmente, realiza-se, em certo sentido, constantemente. Cristo operou a Redenção completa e cabalmente; ao mesmo tempo, porém, não a fechou: no sofrimento redentor, mediante o qual se operou a Redenção do mundo, Cristo abriu-se desde o princípio, e continua a abrir-se constantemente, a todo sofrimento humano. Sim, é algo que parece fazer parte da *própria essência do sofrimento redentor de Cristo:* o fato de ele solicitar a ser incessantemente completado.

Deste modo, com tal abertura a todos os sofrimentos humanos, Cristo operou com o seu próprio sofrimento a Redenção do mundo. Esta Redenção, no entanto, embora tenha sido realizada em toda a sua plenitude pelo sofrimento de Cristo, à sua maneira vive e desenvolve-se ao mesmo tempo na história dos homens. Vive e desenvolve-se como o Corpo de Cristo, que é a Igreja; e nesta dimensão, todo sofrimento humano, em razão da sua união com Cristo no amor, completa o sofrimento de Cristo. Completa-o *como a Igreja completa a obra redentora de Cristo.* O mistério da Igreja — daquele Corpo que completa também em si o corpo crucificado e ressuscitado de Cristo — indica, ao mesmo tempo, aquele âmbito no qual os sofrimentos humanos completam o sofrimento de Cristo. Só à luz disto e com esta dimensão — da Igreja-Corpo de Cristo que se desenvolve continuamente no espaço e no tempo — é que se pode pensar e falar "daquilo que falta" aos sofrimentos de Cristo. O apóstolo, de resto, sublinha-o claramente quando fala da necessidade de completar "aquilo que falta aos sofrimentos de Cristo pelo seu Corpo, que é a Igreja".

A Igreja, precisamente, que sem cessar vai haurir nos infinitos recursos da Redenção, introduzindo esta na vida da humanidade, é *a dimensão* na qual o sofrimento redentor de Cristo pode ser constantemente completado pelo sofrimento do homem. Nisto é posta também em relevo a natureza divino-humana da Igreja. O sofrimento parece participar, de certo modo, das características desta natureza; e, por isso, reveste-se também de um valor especial aos olhos da Igreja. É um bem diante do qual a Igreja se inclina com veneração, com toda a profundidade da sua fé na Redenção. Inclina-se também diante dele com toda a profundidade daquela fé com que acolhe em si mesma o inexprimível mistério do Corpo de Cristo.

VI

O EVANGELHO DO SOFRIMENTO

25. As testemunhas da Cruz e da Ressurreição de Cristo transmitiram à Igreja e à humanidade um Evangelho específico do sofrimento. O próprio Redentor escreveu este Evangelho; em primeiro lugar, com o seu sofrimento assumido por amor, a fim de que o homem "não pereça, mas tenha a vida eterna".[80] Este sofrimento, juntamente com a palavra viva do seu ensino, tornou-se uma fonte abundante para aqueles que participaram dos sofrimentos de Jesus na primeira geração dos seus discípulos e confessores. E é consolador — como é também evangélico e historicamente exato — notar que ao lado de Cristo, em primeiríssimo lugar e bem em evidência junto dele, se encontra sempre a sua Mãe santíssima, porque com *toda a sua vida* ela dá um testemunho exemplar deste particular Evangelho do sofrimento. Em Maria, os sofrimentos, numerosos e intensos, sucederam-se com tal conexão e encadeamento que bem demonstram a sua fé inabalável; e foram, além disso, uma contribuição para a Redenção de todos. Na realidade, desde o colóquio misterioso que teve com o anjo, ela entrevê na sua missão de mãe a "destinação" de compartilhar, de maneira única e irrepetível, a mesma missão do seu Filho. E teve bem depressa a confirmação disso, quer nos acontecimentos que acompanharam o nascimento de Jesus em Belém, quer no anúncio explícito do velho Simeão, que lhe falou de uma espada

[80] *Jo* 3,16.

bem afiada que haveria de transpassar-lhe a alma, quer, ainda, na ansiedade e nas privações da fuga precipitada para o Egito, motivada pela decisão cruel de Herodes.

E mais ainda: depois das vicissitudes da vida oculta e pública do seu Filho, por ela certamente partilhadas com viva sensibilidade, foi no Calvário que o sofrimento de Maria Santíssima, conjunto ao de Jesus, atingiu um ponto culminante dificilmente imaginável na sua sublimidade para o entendimento humano; mas, misterioso, por certo sobrenaturalmente fecundo para os fins da salvação universal. A sua subida ao Calvário e aquele seu "estar" ao pé da Cruz com o discípulo amado foram uma participação muito especial na morte redentora do Filho, assim como as palavras que ela pôde escutar dos lábios de Jesus foram como que a entrega solene deste Evangelho particular, destinado a ser anunciado a toda a comunidade dos fiéis.

Testemunha da paixão pela sua *presença,* nela participante com a sua *compaixão,* Maria Santíssima ofereceu uma contribuição singular ao Evangelho do sofrimento, realizando antecipadamente aquilo que afirmaria São Paulo com as palavras citadas no início desta reflexão. Sim, ela tem títulos especialíssimos para poder afirmar que "completa na sua carne — como igualmente no seu coração — aquilo que falta aos sofrimentos de Cristo".

À luz do inacessível exemplo de Cristo que se reflete com uma evidência singular na vida da sua Mãe, o Evangelho do sofrimento, através da experiência e da palavra dos apóstolos, torna-se *fonte inexaurível para as gerações sempre novas,* que se sucedem na história da Igreja. O Evangelho do sofrimento significa não apenas a presença do sofrimento no Evangelho, como um dos temas da Boa Nova, mas também a revelação da *força salvífica e do significado salvífico* do sofrimento na missão messiânica de Cristo e, em seguida, na missão e na vocação da Igreja.

Cristo *não escondia* aos seus ouvintes *a necessidade do sofrimento*. Pelo contrário, dizia-lhes muito claramente: "Se alguém quer vir após mim... tome a sua cruz todos os dias";[81] e aos seus discípulos punha algumas exigências de ordem moral, cuja realização só é possível se cada um se "renega a si mesmo".[82] O caminho que conduz ao reino dos céus é "estreito e apertado"; e Cristo contrapõe-no ao caminho "largo e espaçoso" que, porém, "leva à perdição".[83] Diversas vezes Cristo disse também que os seus discípulos e confessores *haveriam de encontrar muitas perseguições;* o que — como se sabe — aconteceu, não só nos primeiros séculos da vida da Igreja, nos tempos do império romano, mas não cessou de se verificar também em diversos outros períodos da história e em diversos lugares da Terra, mesmo nos nossos dias.

Eis aqui algumas frases de Cristo sobre este tema: "Deitar-vos-ão as mãos e perseguir-vos-ão, entregando-vos às sinagogas, e metendo-vos nos cárceres, arrastando-vos à presença de reis e de governadores, por causa do meu nome; isso proporcionar-vos-á ocasião *para dardes testemunho de mim.* Gravai, pois, no vosso coração que não deveis preparar a vossa defesa, porque eu vos darei língua e sabedoria tais a que não poderão contrastar nem contradizer os vossos adversários. Sereis traídos até pelos vos-

---

[81] *Lc* 9,23.
[82] Cf. *Lc* 9,23.
[83] Cf. *Mt* 7,13-14

sos pais, pelos irmãos, pelos parentes e amigos, e causarão a morte a alguns de vós. Sereis odiados por todos por *causa do meu nome;* mas nem um só cabelo da vossa cabeça se perderá. Pela vossa constância ganhareis as vossas almas".[84]

O Evangelho do sofrimento fala em diversos pontos, primariamente, do sofrimento "por Cristo", "por causa de Cristo"; e isto é expresso com as próprias palavras de Jesus, ou então com as palavras dos seus apóstolos. O Mestre não esconde aos seus discípulos e àqueles que o seguirão a perspectiva de um tal sofrimento; pelo contrário, apresenta-lha com toda a franqueza, indicando-lhes ao mesmo tempo as forças sobrenaturais que os acompanharão no meio das perseguições e tribulações sofridas "pelo seu nome". Estas serão, ao mesmo tempo, como que *um meio especial de verificar* a semelhança a Cristo e a união com ele. "Se o mundo vos odeia, ficai sabendo que, primeiro do que a vós, me odiou a mim...; mas porque não sois do mundo — ao contrário, eu vos separei do meio do mundo — por isso é que o mundo vos odeia... O servo não é maior que o seu senhor. Se a mim me perseguiram, também vos hão de perseguir a vós... Mas farão tudo isso contra vós por causa do meu nome, porque não conhecem aquele que me enviou".[85] "Disse-vos isto para que tenhais paz em mim: no mundo tereis que sofrer. Mas tende confiança! Eu venci o mundo".[86]

Este primeiro capítulo do Evangelho do sofrimento, que fala das perseguições, isto é, das tribulações por causa

---

[84] *Lc* 21,12-19.
[85] *Jo* 15,18-21.
[86] *Jo* 16,33.

de Cristo, contém em si um *chamamento especial à coragem e à fortaleza,* apoiado pela eloqüência da Ressurreição. Cristo venceu definitivamente o mundo com a sua ressurreição; todavia, porque a sua ressurreição está ligada à sua paixão e morte, ele venceu este mundo, ao mesmo tempo, com o seu sofrimento. Sim, o sofrimento foi inserido de um modo singular naquela vitória sobre o mundo que se manifestou na ressurreição. Cristo conserva no seu corpo ressuscitado os sinais das feridas causadas pelo suplício da Cruz: nas suas mãos, nos seus pés e no seu lado. Pela Ressurreição, ele manifesta *a força vitoriosa do sofrimento;* e quer incutir a convicção desta força no coração daqueles que escolheu como seus apóstolos e daqueles que ele continua a escolher e a enviar. O apóstolo Paulo dirá: "Todos aqueles que querem viver piedosamente em Jesus Cristo serão perseguidos".[87]

26. Se é verdade que o primeiro grande capítulo do Evangelho do sofrimento vai sendo escrito ao longo das gerações por aqueles que sofrem perseguições por Cristo, também é verdade que a "pari passu" com ele um outro grande capítulo deste Evangelho do sofrimento se vai desenrolando ao longo da história. Escrevem-no todos aqueles *que sofrem com Cristo,* unindo os próprios sofrimentos humanos ao seu sofrimento salvífico. Neles se realiza aquilo que as primeiras testemunhas da Paixão e da Ressurreição disseram e escreveram acerca da participação nos sofrimentos de Cristo. Neles se realiza, por conseguinte, o Evangelho do sofrimento; e, ao mesmo tempo, cada um deles continua, de certo modo, a escrevê-lo: es-

[87] *2Tm* 3,12.

creve-o e proclama-o ao mundo, anuncia-o no próprio ambiente e aos homens seus contemporâneos.

No decorrer dos séculos e das gerações, tem-se comprovado que *no sofrimento se esconde uma força* particular *que aproxima* interiormente o homem *de Cristo,* uma graça particular. A esta ficaram a dever a sua profunda conversão muitos santos, como, por exemplo, São Francisco de Assis, Santo Inácio de Loiola etc. O fruto de semelhante conversão é não apenas o fato de que o homem descobre o sentido salvífico do sofrimento, mas sobretudo que no sofrimento ele se torna um homem totalmente novo. Encontra como que uma maneira nova para avaliar *toda a sua vida e a própria vocação.* Esta descoberta constitui uma confirmação particular da grandeza espiritual que no homem supera o corpo de um modo totalmente incomparável. Quando este corpo está gravemente doente, ou mesmo completamente inutilizado, e o homem se sente como que incapaz de viver e agir, é então que se põem mais em evidência a sua *maturidade interior e grandeza espiritual;* e estas constituem uma lição comovedora para as pessoas sãs e normais.

Esta maturidade interior e grandeza espiritual no sofrimento são *fruto,* certamente, de uma particular *conversão* e cooperação com a graça do Redentor crucificado. É ele próprio a agir, no mais vivo do sofrimento humano, por meio do seu Espírito de verdade, do Espírito consolador. É ele que transforma, em certo sentido, a própria substância da vida espiritual, indicando à pessoa que está a sofrer um lugar perto de si. *É ele* — como mestre e guia interior — *que ensina* ao irmão e à irmã que sofrem esta *admirável permuta,* que se situa no coração do mistério da Redenção. O sofrimento é, em si mesmo, experimentar o mal; mas Cristo fez dele a base mais sólida do bem definitivo, ou seja, do bem da salvação eterna. Com o seu sofrimento na Cruz, Cristo atingiu as próprias raízes do mal: as raízes do pecado e da morte. Ele venceu o autor do mal, que é Satanás com a sua permanente rebelião contra o Criador. Perante o irmão ou a irmã que sofrem, Cristo *abre* e descobre gradualmente *os horizontes do reino de Deus:* os horizontes de um mundo convertido ao Criador, de um mundo liberto do pecado, que se vai edificando, alicerçado no poder salvífico do amor. E, lenta mas eficazmente, Cristo introduz neste mundo, neste reino do Pai, o homem que sofre, através, em certo sentido, do coração do seu sofrimento. De fato, o sofrimento não pode ser *transformado* e mudado por uma graça que aja do exterior, mas sim por uma graça *interior*. Cristo, mediante o seu próprio sofrimento salvífico, encontra-se bem dentro de cada sofrimento humano e pode, assim, atuar a partir do interior do mesmo, pelo poder do seu Espírito de verdade, do seu Espírito consolador.

E não é tudo: o divino Redentor quer penetrar no ânimo de todas as pessoas que sofrem através do coração da sua Mãe Santíssima, primícia e vértice de todos os redimidos. Como que a prolongar aquela maternidade, que por obra do Espírito Santo lhe havia dado a vida, Cristo ao morrer conferiu à sempre Virgem Maria uma *nova maternidade* — espiritual e universal — em relação a todos os homens, a fim de que cada um deles, na peregrinação da fé, à semelhança e junto com Maria, lhe permanecesse intimamente unido até à Cruz; e assim, todo o sofrimento, regenerado pela virtude da Cruz, de fraqueza do homem se tornasse poder de Deus.

Entretanto, este processo interior não se realiza sempre da mesma maneira. Ele inicia-se e estabiliza-se, não raro, com dificuldade. O próprio ponto de partida já é diverso, pois é com disposições diferentes que o homem encara o estado de sofrimento. Pode-se, todavia, admitir que as pessoas quase sempre entram no sofrimento com uma queixa *tipicamente humana* e *com a pergunta sobre o seu "porquê"*. Interrogam-se sobre o sentido do sofrimento e procuram uma resposta à pergunta no seu plano humano. Por certo, fazem muitas vezes esta pergunta também a Deus, e fazem-na igualmente a Cristo. Além disso, não podem deixar de se aperceber de que aquele a quem fazem a sua pergunta também ele sofre e quer *responder-lhes* da Cruz, *do meio do seu próprio sofrimento.* Contudo, por vezes é necessário tempo, muito tempo mesmo, para que esta resposta comece a ser percebida interiormente. Cristo, de fato, não responde diretamente e não responde de modo abstrato a esta pergunta humana sobre o sentido do sofrimento. O homem percebe a sua resposta salvífica à medida que se vai tornando ele próprio participante dos sofrimentos de Cristo.

A resposta que lhe chega mediante essa participação, ao longo da caminhada de encontro interior com o Mestre, é, por sua vez, *algo mais do que a simples resposta abstrata* à pergunta sobre o sentido do sofrimento. Tal resposta é, sobretudo, um apelo. É uma vocação. Cristo não explica abstratamente as razões do sofrimento; mas, antes de mais nada, diz: "Segue-me!". Vem! Participa com o teu sofrimento desta obra da salvação do mundo, que se realiza por meio do meu próprio sofrimento! Por meio da minha Cruz. À medida *que o homem toma a sua cruz,* unindo-se espiritualmente à Cruz de Cristo, vai-se-lhe manifestando mais o sentido salvífico do sofrimento. O homem não descobre este sentido ao seu nível humano, mas ao nível do sofrimento de Cristo. Ao mesmo tempo, porém, deste plano em que Cristo se situa, este sentido salvífico do sofrimento *desce ao nível do homem,* e torna-se, de algum modo, a sua resposta pessoal. E é então que o homem encontra no seu sofrimento a paz interior e mesmo a alegria espiritual.

27. Desta alegria fala o apóstolo na Carta aos Colossenses: "Alegro-me nos sofrimentos suportados por vossa causa...".[88] Torna-se fonte de alegria *superar o sentimento da inutilidade do sofrimento,* sensação que, por vezes, está profundamente arraigada no sofrimento humano; e isto não só desgasta o homem por dentro, mas parece fazer dele um peso para os outros. O homem sente-se condenado a receber ajuda e assistência da parte dos outros e, ao mesmo tempo, considera-se a si mesmo inútil. A descoberta do sentido salvífico do sofrimento em união com Cristo *transforma esta sensação* deprimente. A fé na participação dos sofrimentos de Cristo traz consigo a certeza interior de que o homem que sofre "completa o que falta aos sofrimentos do mesmo Cristo", e de que, na dimensão espiritual da obra da Redenção, serve, como Cristo, *para a salvação dos seus irmãos e irmãs.* Portanto, não só é útil aos outros, mas presta-lhes ainda um serviço insubstituível. No Corpo de Cristo, que cresce sem cessar a partir da Cruz do Redentor, precisamente o sofrimento, impregnado do espírito de Cristo, é *o mediador insubstituível e autor dos bens* indispensáveis para a salvação do mundo. Mais do que qualquer outra coisa o sofrimento é aquilo que abre caminho à graça que trans-

[88] *Cl* 1,24

forma as almas humanas. Mais do que qualquer outra coisa, é ele que torna presentes na história da humanidade as forças da Redenção. Naquela luta "cósmica" que se trava entre as forças espirituais do bem e as do mal, de que fala a Carta aos Efésios,[89] os sofrimentos humanos, unidos ao sofrimento redentor de Cristo, *constituem um apoio particular às forças do bem,* abrindo caminho à vitória destas forças salvíficas.

E por isso a Igreja vê em todos os irmãos e irmãs de Cristo que sofrem como que *um sujeito multíplice da sua força sobrenatural.* Quantas vezes os pastores da Igreja recorrem precisamente a eles e procuram concretamente neles ajuda e apoio! O Evangelho do sofrimento vai sendo escrito, sem cessar, e fala constantemente com as palavras deste estranho paradoxo: as fontes da força divina jorram exatamente do seio da fraqueza humana. Aqueles que participam dos sofrimentos de Cristo conservam nos sofrimentos próprios uma especialíssima *parcela do infinito tesouro* da Redenção do mundo e podem partilhar este tesouro com os outros. Quanto mais o homem se vê ameaçado pelo pecado, quanto mais se apresentam pesadas as estruturas do pecado que comporta o mundo de hoje, maior é a eloqüência que o sofrimento humano encerra em si mesmo e tanto mais a Igreja sente a necessidade de recorrer ao valor dos sofrimentos humanos para a salvação do mundo.

---

[89] Cf. *Ef* 6,12.

VII

O BOM SAMARITANO

28. A parábola do bom samaritano pertence também — e de modo orgânico — ao Evangelho do sofrimento. Nesta parábola Cristo quis dar uma resposta à pergunta "quem é o meu próximo?".[90] De fato, dos três que passavam pela estrada de Jerusalém a Jericó, à beira da qual jazia por terra, meio morto, um homem roubado e ferido pelos ladrões, foi exatamente o samaritano quem demonstrou *ser* na verdade *"próximo"* daquele infeliz: "próximo" significa também aquele que cumpriu o mandamento do amor ao próximo. Outros dois homens seguiam o mesmo caminho; um era sacerdote e o outro levita; mas ambos "o viram e passaram adiante". O samaritano, ao contrário, "tendo-o visto, encheu-se de compaixão. Aproximou-se, pensou-lhe as feridas", e depois "levou-o para uma estalagem e prestou-lhe assistência".[91] E, ao ir-se embora, confiou aos cuidados do hospedeiro o homem que estava a sofrer, comprometendo-se a pagar-lhe o que fosse preciso.

A parábola do bom samaritano pertence ao Evangelho do sofrimento. Ela indica, de fato, qual deve ser a relação de cada um de nós para com o próximo que sofre. Não nos é permitido "passar adiante", com indiferença; mas devemos "parar" junto dele. *Bom samaritano é todo o homem que se detém junto ao sofrimento de um outro*

---

[90] *Lc* 10,29.
[91] *Lc* 10,33-34.

homem, seja qual for o sofrimento. Parar, neste caso, não significa curiosidade, mas disponibilidade. Esta é como que o abrir-se de uma disposição interior do coração, que também tem a sua expressão emotiva. Bom samaritano é *todo homem sensível ao sofrimento de outrem,* o homem que "se comove" diante da desgraça do próximo. Se Cristo, conhecedor do íntimo do homem, põe em realce esta comoção, quer dizer que ela é importante para todo o nosso modo de comportar-nos diante do sofrimento de outrem. É necessário, portanto, cultivar em si próprio esta sensibilidade do coração, que se demonstra na *compaixão* por quem *sofre.* Por vezes esta compaixão acaba por ser a única ou a principal expressão do nosso amor e da nossa solidariedade com o homem que sofre.

O bom samaritano da parábola de Cristo não se limita, todavia, à simples comoção e compaixão. Estas transformam-se para ele num estímulo para as ações que tendem a prestar ajuda ao homem ferido. Bom samaritano, portanto, é, afinal, todo *aquele que presta ajuda no sofrimento,* seja qual for a sua espécie; uma ajuda, quanto possível, eficaz. Nela põe todo o seu coração, sem poupar nada, nem sequer os meios materiais. Pode-se dizer mesmo que se dá a si próprio, o seu próprio "eu", ao outro. Tocamos aqui num dos pontos-chave de toda a antropologia cristã. O homem "não pode encontrar a sua própria plenitude a não ser no dom sincero de si mesmo".[92] Bom samaritano é o *homem capaz,* exatamente, *de um tal dom de si mesmo.*

29. Seguindo a parábola evangélica, poder-se-ia dizer que o sofrimento, presente no nosso mundo hu-

---

[92] Conc. Ecum. Vaticano II, Const. past. sobre a Igreja no mundo contemporâneo *Gaudium et spes,* n.º 24.

mano sob tantas formas diversas, também aí está presente para desencadear no homem o amor, precisamente esse dom desinteressado do próprio "eu" em favor dos outros homens, dos homens que sofrem. O mundo do sofrimento humano almeja sem cessar, por assim dizer, outro mundo diverso: o mundo do amor humano; e aquele amor desinteressado que vem do coração e transparece nas ações da pessoa que sofre; amor que esta deve, aliás, em certo sentido, ao sofrimento. O homem que é o "próximo" não pode passar com indiferença diante do sofrimento de outrem; e isso por motivo da solidariedade humana fundamental e em nome do amor ao próximo. Deve "parar", "deixar-se comover", como fez o samaritano da parábola evangélica. Esta parábola, em si mesma, exprime *uma verdade profundamente cristã* e, ao mesmo tempo, muitíssimo humana universalmente. Não é sem motivo que até na linguagem corrente se designa obra de "bom samaritano" qualquer atividade em favor dos homens que sofrem ou precisam de ajuda.

Esta *atividade* adota, ao longo dos séculos, *formas institucionais* organizadas e constitui um campo de trabalho nas respectivas *profissões*. Quanto de "bom samaritano" têm as profissões do médico ou da enfermeira, ou outras similares! Em virtude do conteúdo "evangélico" que nelas se encerra, somos inclinados a pensar, nestes casos, mais em vocação do que em simples profissão. E as instituições que, no decorrer das gerações, realizaram um serviço de "bom samaritano", desenvolveram-se e especializaram-se ainda mais nos nossos dias. Isto prova, sem sombra de dúvida, que o homem de hoje se detém cada vez com maior atenção e perspicácia junto aos sofrimentos do próximo, tenta compreendê-los e precavê-los, de modo cada vez mais preciso, e conquista também, cada vez mais, capacidade e especialização neste setor. Tendo presente tudo isto, podemos dizer que a parábola do samaritano do Evangelho se tornou *uma das componentes essenciais da cultura moral e da civilização universalmente humana.* E pensando em todas aquelas pessoas que, com a sua ciência e capacidade, prestam múltiplos serviços ao próximo que sofre, não podemos deixar de ter para com elas uma palavra de reconhecimento e de gratidão.

Esta palavra estende-se a todos aqueles que exercem o próprio serviço para com o próximo que sofre, de maneira desinteressada, *aplicando-se voluntariamente em dar ajuda de "bom samaritano"* e destinando a essa causa todo o tempo e forças que lhes ficam do trabalho profissional. Tal atividade espontânea de "bom samaritano", ou caritativa, pode ser chamada atividade social; e pode também ser definida como *apostolado,* quando empreendida por motivos lidimamente evangélicos, sobretudo quando isso sucede em ligação com a Igreja ou com uma outra comunidade cristã. A atividade voluntária de "bom samaritano" realiza-se nas instituições e meios apropriados, ou então através de *organizações* criadas para determinado fim. Estas formas de atuação têm grande importância, especialmente quando se trata de assumir tarefas de maior vulto, que exijam cooperação e uso de meios técnicos. Permanece não menos valiosa também a atividade individual, especialmente a atividade daquelas pessoas que se sentem mais aptas para cuidar de certas espécies de sofrimento humano, a que não se pode dar ajuda senão individual e pessoalmente. Depois há a ajuda *familiar,* que compreende quer os atos de amor ao próximo feitos em benefício dos membros da própria família, quer a ajuda recíproca entre as famílias.

É difícil apresentar um elenco de todos os gêneros e de todas as esferas da atividade de "bom samaritano" que existem na Igreja e na sociedade. Importa pelo menos reconhecer que são muito numerosos e, por isso, exprimir alegria; com efeito, graças a eles, *os valores morais fundamentais,* como o valor da solidariedade humana, o valor do amor cristão ao próximo, compõem o quadro da vida social e das relações inter-humanas e aí fazem frente às diversas formas do ódio, da violência, da crueldade, do desprezo pelo homem, ou até da simples "insensibilidade", ou seja, da indiferença para com o próximo e os seus sofrimentos.

Neste ponto deve-se salientar o *grandíssimo significado das atitudes que convém adotar na educação.* A família, a escola e as outras instituições educativas — ainda que seja somente por motivos humanitários — devem trabalhar com perseverança no sentido de despertar e apurar aquela sensibilidade para com o próximo e o seu sofrimento, de que se tornou símbolo a figura do samaritano do Evangelho. A Igreja deve fazer o mesmo, como é óbvio; e, se for possível, ajudar a aprofundar ainda mais tal sentido, com a perscrutação das motivações que Cristo apresentou na sua parábola e em todo o Evangelho. A eloqüência da parábola do bom samaritano — como de todo o Evangelho, de resto — está sobretudo nisto: o homem deve sentir-se como que *chamado,* de maneira muito pessoal, a testemunhar o amor no sofrimento. As instituições são muito importantes e indispensáveis; no entanto, nenhuma instituição, por si só, pode substituir o coração humano, a compaixão humana, o amor humano, a iniciativa humana, quando se trata de ir ao encontro do sofrimento de outrem. Isto é válido pelo que se refere aos sofrimentos físicos; mas é mais válido ainda quando se trata dos múltiplos sofrimentos morais e, sobretudo, quando é a alma que está a sofrer.

30. A parábola do bom samaritano que, como foi dito, pertence sem dúvida ao Evangelho do sofrimento, com ele tem caminhado ao longo da história da Igreja e do cristianismo e ao longo da história do homem e da humanidade. Ela testemunha que a revelação, feita por Cristo, do sentido salvífico do sofrimento, *não o identifica, de forma alguma, com um comportamento de passividade*. Muito pelo contrário. O Evangelho é a negação da passividade diante do sofrimento. O próprio Cristo, neste aspecto, é sobretudo ativo. E assim, realiza o programa messiânico da sua missão em conformidade com as palavras do profeta: "O Espírito do Senhor está sobre mim; porque me conferiu a unção e me enviou para anunciar aos pobres a Boa Nova, para anunciar aos cativos a libertação e aos cegos o dom da vista; para pôr em liberdade os oprimidos e promulgar um ano de graça da parte do Senhor".[93] Cristo realiza de modo superabundante este *programa messiânico da sua missão:* passa "fazendo o bem";[94] e o bem resultante das suas obras assumiu grande realce sobretudo diante do sofrimento humano. A parábola do bom samaritano está em profunda harmonia com o comportamento do próprio Cristo.

Esta parábola, por fim, quanto ao seu conteúdo, tem cabimento naquelas inquietantes palavras do juízo final,

[93] *Lc* 4,18-19; cf. *Is* 61,1-2.
[94] *At* 10,38.

que São Mateus recolheu no seu Evangelho: "Vinde, benditos de meu Pai, entrai na posse do reino que vos está preparado desde a criação do mundo. Porque tive fome e destes-me de comer, tive sede e destes-me de beber; era peregrino e destes-me hospedagem, andava nu e vestistes-me, estava doente e visitastes-me, estava no cárcere e fostes ver-me".[95] Aos justos que perguntam quando fizeram precisamente a ele tudo isso, o Filho do Homem responderá: "Em verdade vos digo *que tudo o que fizestes a um destes meus irmãos mais pequeninos, a mim o fizestes*".[96] Sentença contrária caberá àqueles que se houverem comportado diversamente: "tudo o que não fizestes a um destes pequeninos, a mim deixastes de o fazer".[97]

Poder-se-ia certamente ampliar a lista dos sofrimentos que encontraram eco na sensibilidade humana, na compaixão e na ajuda, ou que não o encontraram. A primeira e a segunda parte da declaração de Cristo sobre o juízo final indicam, sem ambigüidade, quanto são essenciais para todos os homens, na perspectiva da vida eterna, o "parar", como fez o bom samaritano, junto do sofrimento do seu próximo, o ter "compaixão" dele, e, por fim, ajudá-lo. No programa messiânico de Cristo, que é ao mesmo tempo o programa *do reino de Deus,* o sofrimento está presente no mundo para desencadear o amor, para fazer nascer obras de amor para com o próximo, para transformar toda a civilização humana na "civilização do amor". Com este amor é que o significado salvífico do sofrimento se realiza totalmente e atinge a sua dimensão definitiva. As palavras

[95] *Mt* 25,34-36.
[96] *Mt* 25,40.
[97] *Mt* 25,45.

de Cristo sobre o juízo final permitem compreender isto, com toda a simplicidade e clareza típicas do Evangelho.

Estas palavras sobre o amor, sobre os atos de caridade relacionados com o sofrimento humano, permitem-nos descobrir, uma vez mais, por detrás de *todos os sofrimentos humanos, o próprio sofrimento redentor de Cristo.* O mesmo Cristo diz: "A mim o fizestes". É ele próprio quem, em cada um, experimenta o amor; é ele próprio quem recebe ajuda, quando ela é prestada a quem quer que sofra, sem exceção. Ele próprio está presente em quem sofre, pois o seu sofrimento salvífico foi aberto de uma vez para sempre a todo o sofrimento humano. E todos os que sofrem foram chamados, de uma vez para sempre, a tornarem-se participantes "dos sofrimentos de Cristo".[98] Assim como todos foram chamados a "completar" com o próprio sofrimento "o que falta aos sofrimentos de Cristo".[99] Cristo ensinou o homem *a fazer o bem com o sofrimento* e, ao mesmo tempo, *a fazer o bem a quem sofre.* Sob este duplo aspecto, revelou cabalmente o sentido do sofrimento.

---

[98] *1Pd* 4,13.
[99] *Cl* 1,24.

VIII

CONCLUSÃO

31. Tal é o sentido do sofrimento: verdadeiramente sobrenatural e, ao mesmo tempo, humano; é *sobrenatural*, porque se radica no mistério divino da Redenção do mundo; e é também profundamente *humano*, porque nele o homem se aceita a si mesmo, com a sua própria humanidade, com a própria dignidade e a própria missão.

O sofrimento faz parte, certamente, do mistério do homem. Talvez não esteja tão envolvido como o mesmo homem por este mistério, que é particularmente impenetrável. O Concílio Vaticano II exprimiu esta verdade assim: "Na realidade, só no mistério do Verbo Encarnado encontra verdadeira luz o mistério do homem. Com efeito..., Cristo, que é o novo Adão, na própria revelação do mistério do Pai o do seu amor, também *manifesta plenamente o homem ao homem* e descobre-lhe a sublimidade da sua vocação".[100] Se é verdade que estas palavras dizem respeito a tudo o que concerne ao mistério do homem, então elas referem-se, de modo particularíssimo, certamente, *ao sofrimento humano*. Quanto a este ponto, o "revelar o homem ao homem e descobrir-lhe a sublimidade de sua vocação" é sobremaneira *indispensável*. Acontece porém — como a experiência demonstra — isso

---

[100] Conc. Ecum. Vaticano II, Const. past. sobre a Igreja no mundo contemporâneo *Gaudium et spes*, n.o 22.

ser particularmente *dramático*. Mas quando se realiza totalmente e se transforma em luz para a vida humana, é também particularmente *bem-aventurante*. "Por Cristo e em Cristo se esclarece o enigma da dor e da morte".[101]

Concluímos as presentes considerações sobre o sofrimento no ano em que a Igreja está a viver o Jubileu extraordinário, relacionado com o aniversário da Redenção.

O mistério da Redenção do mundo está *radicado no sofrimento* de modo maravilhoso; e o sofrimento, por sua vez, tem nesse mistério o seu supremo e mais seguro ponto de referência.

Desejamos viver este ano da Redenção numa união especial com todos os que sofrem. É necessário, pois, que se congreguem em espírito, junto à Cruz do Calvário, todos aqueles que sofrem e acreditam em Cristo; e, especialmente, aqueles que sofrem por causa da sua fé nele, crucificado e ressuscitado, a fim de que o oferecimento dos seus sofrimentos apresse o realizar-se da oração do mesmo Salvador pela unidade de todos.[102] Que para lá afluam também os homens de boa vontade, porque na Cruz está o "Redentor do homem", o Homem das dores, que assumiu sobre si os sofrimentos físicos e morais dos homens de todos os tempos, para que estes possam encontrar *no amor* o sentido salvífico dos próprios sofrimentos e respostas válidas para todas as suas interrogações.

Com Maria, Mãe de Cristo, que estava de pé *junto à Cruz,*[103] nós nos detemos junto a todas as cruzes do homem de hoje.

---

[101] Ibid
[102] Cf. *Jo* 17,11.21-22.
[103] Cf. *Jo* 19,25.

Invocamos todos *os santos,* que no decorrer dos séculos foram de modo especial participantes dos sofrimentos de Cristo. Pedimos a sua proteção.

E pedimos, a todos vós *que sofreis,* que nos ajudeis. Precisamente a vós, que sois fracos, pedimos que *vos torneis uma fonte de força* para a Igreja e para a humanidade. Na terrível luta entre as forças do bem e do mal, de que o nosso mundo contemporâneo nos oferece o espetáculo, que vença o vosso sofrimento em união com a Cruz de Cristo!

A todos, caríssimos Irmãos e Irmãs, envio a minha bênção apostólica.

Dado em Roma, junto de São Pedro, na memória litúrgica de Nossa Senhora de Lourdes, a 11 de fevereiro do ano de 1984, sexto do meu Pontificado.

ÍNDICE

I.	Introdução	5
II.	O mundo do sofrimento humano	9
III.	Em busca da resposta à pergunta sobre o sentido do sofrimento	16
IV.	Jesus Cristo: o sofrimento vencido pelo amor	23
V.	Participantes dos sofrimentos de Cristo	37
VI.	O Evangelho do sofrimento	50
VII.	O bom samaritano	60
VIII.	Conclusão	68

Rua Dona Inácia Uchoa, 62
04110-020 – São Paulo – SP (Brasil)
Tel.: (11) 2125-3500
paulinas.com.br – editora@paulinas.com.br
Telemarketing e SAC: 0800-7010081